Was ist Kunst? – Wer'

Volker Harlan

Was ist Kunst?
Werkstattgespräch mit Beuys

Urachhaus

Frontispiz: Beuys reicht die Flamme weiter

ISBN 978 3 87838 482 3

8. Auflage 2021
Erschienen im Verlag Urachhaus
www.urachhaus.com

alle übrigen Abbildungen durch den Verfasser, mit Ausnahme der Vorlagen
für 2 (Utz Lederbogen), 3 und 6 (Jochen Littkemann),
17 (Stefan Winkler), 18, 19 und 22 (Peter Schata), 23 (Renato Aprile),
36 und 37 (Rudolf Wakonigg, Westf. Landesmuseum Münster),
26–28 und 44–46 (Theodor Schwenk)
Umschlagentwurf: Volker Harlan
Druck: Offizin Chr. Scheufele, Stuttgart

Inhalt

Vorwort

Dieses Buch enthält den Text eines ganztägigen Geprächs mit Joseph Beuys. Er ist – wenn dadurch auch das Verständnis manchmal etwas erschwert wird – fast ohne Glättungen wiedergegeben. Wer Beuys kannte, der wird sich, wenn in Klammern steht: »(lacht)«, leicht vorstellen können, in welcher Atmosphäre das Gespräch verlief. Die einzelnen Teilnehmer des Gesprächs bleiben unbenannt. Doch möchte ich darauf hinweisen, daß insbesondere die Fragen von Michael Bockemühl das Gespräch außerordentlich förderten.
Dem Text geht eine Beschreibung der Arbeit voraus, aus der das Gespräch zustande kam. Ihm folgt keine kunstgeschichtliche Interpretation oder Beurteilung des Kunstbegriffs von Joseph Beuys, wenngleich das im Anschluß an Michael Bockemühls nunmehr erschienene Habilitationsschrift (»Die Wirklichkeit des Bildes«, Stuttgart 1985) wünschenswert wäre. Das sei einer späteren Arbeit vorbehalten, die sich zusammenschauend mit den Kunstbegriffen von Beuys, Klee, Mondrian, Kandinsky und anderen auseinandersetzen muß. Statt dessen ist versucht worden, in Fortsetzung der damals in der Gruppe durchgeführten Übungen und dank der Anregungen, die das Gespräch mit Beuys gebracht hat, Beschreibungen von Prozessen anzufügen, die mit Substanzen, ihrer Durchdringung und Steigerung zu tun haben. Denn Beuys' Werk ist eine Aufforderung zu solchen Übungen. Es wird also versucht, dem, was Wasser, was Fett, Farbe und was graue Stofflichkeit ist, so nachzugehen, daß man dem »Wesen«, der »inneren Substanz« oder der »geistigen Wirklichkeit« so nahe wie möglich kommt.
In diesem Sinn soll dieses Buch anregen, sich selbst in dieser Richtung zu bewegen. Über die »Soziale Plastik« und den mit ihr zusammenhängenden dreigliedrigen sozialen Organismus wird hier nichts ausgeführt, darüber ist in dem Buch von Harlan, Rappmann, Schata (»Soziale Plastik, Materialien zu Joseph Beuys«, Achberg ^{3}1985) Näheres geschrieben und auf entsprechende Literatur verwiesen worden.
In den Tagen nach Beuys' Tod war ich in Basel. Ich hatte ein Tonband von dem hier veröffentlichten Gespräch mit Beuys mit mir, das ich mit einigen Freunden abhörte. Dieter Koepplin ermunterte mich zur Publikation. Als Peter Schata vom Achberger Kreis, in dem Beuys seine Idee vom sozialen Organismus einst selbst weiter präzisiert hatte, mir anbot, bei der mit der Herausgabe verbundenen Arbeit behilflich zu sein, begann ich mit den Vorbereitungen. Als schließlich auch Frau Eva Beuys der Veröffentlichung gerne zustimmte und der Verlag, der schon seit Jahren gerne ein Werk mit und über Joseph Beuys herausgebracht hätte, das Unternehmen lebhaft aufgriff, konnte die Verwirklichung in Angriff genommen werden. Als mir schließlich noch eine Reihe von Freunden half, Zeit, Raum und Ruhe zu finden, vollzog sich die Arbeit in kürzester Zeit. Allen zusammen gilt mein herzlicher Dank.

Michaeli 1986 *Volker Harlan*

1 Ort des Gesprächs: die Johanneskirche in Bochum, entworfen von Hans Scharoun

Wie es zu diesem Gespräch kam

»Die wichtigste Diskussion hat erkenntnistheoretischen Charakter.« (J. Beuys)

Dieses Gespräch mit Joseph Beuys war Teil jener oftmaligen Zusammenkünfte, zu denen sich eine Gruppe junger Leute über viele Jahre hin traf. Bei diesen Zusammenkünften, die über Stunden oder über ein Wochenende oder auch über mehrere Tage dauerten, versuchten wir, zu grundlegenden Erkenntnissen über die Welt, über die Gesellschaft, über uns selbst zu kommen. Wir haben alte und neue philosophische Texte studiert, wir haben uns mit Psychologie auseinandergesetzt, wir haben uns mit sozialen Problemen befaßt. Unser grundsätzliches Fragen galt der Lebensgestaltung und Lebensführung. Es lag nahe, nicht bei den Diskussionen, beim Theoretisieren stehenzubleiben, sondern auch in konkrete Übungen zu gehen. Diese Übungen hatten prinzipiell künstlerischen Charakter, galten keinem unmittelbaren, äußeren Lebenszweck. Sie dienten nicht der Vorbereitung einer Ausstellung oder einer Veröffentlichung. Sie dienten allein dazu, selbst in Bewegung zu kommen, neue Formen der Lebensgestaltung und Lebensführung zu entdecken und zu entwickeln. Und wenn diese Formen nicht neu waren, so waren sie doch selbst entdeckt; und indem sie selbst entdeckt werden, bleiben sie dem Bewußtsein zugänglich und sind dann – mehr oder weniger – im praktischen Leben überall zu handhaben.

Einige dieser Übungen will ich schildern. So entstand die Frage: Was ist Farbe? Da diese Frage nicht gelöst werden kann, indem man auf die Aussagen der Physik ausweicht – weil die gar nicht mehr von Farben spricht, sondern von Maßeinheiten, von elektromagnetischen Impulsen –, so mußten wir uns dem Farbphänomen selbst auszusetzen versuchen. Wir strichen also zum Beispiel einen Raum ganz rot an und steigerten das noch, indem wir eine Wand mit signalrotem Papier tapezierten. Dann erleuchteten wir den Raum ziemlich hell, so daß das Rot sich voll entfalten konnte, und setzten uns nun in diesen Raum, um zu erfahren, wie Rot auf uns wirkt. Jeder hatte ein Schreibheft in der Hand und versuchte vom ersten Moment an, die Wirkungen, die das Rot auf ihn machte, zu schildern, möglichst genau und vielfältig. Nach etwa 20 Minuten machten wir eine Erholungspause, und nach dieser Pause lasen wir uns unsere Erfahrungen gegenseitig vor und untersuchten, ob gewisse oder gar weitgehende Ähnlichkeiten in den Erfahrungen zu beobachten sind.

Eine entsprechende Übung machten wir mit Blau. Im Vergleich der Resultate wurde um so deutlicher, daß, bei aller Unvollkommenheit der Schilderung, die Richtung der jeweiligen Erfahrung ziemlich einheitlich war. Die Inhalte der Erfahrungen und die daraus entstehenden Folgerungen für das persönliche Leben lasse ich hier beiseite.

Eine andere Übung wandte sich dem Formenerleben zu. Wir unternahmen dazu folgendes: Wir holten aus dem Wald etwa ellenlange Stöcke, vielleicht 40 an der Zahl, setzten uns, wie es der Raum vorgab, in ein Oval und begannen nun, diese Stöcke, einen nach dem anderen, auf den Boden, auf die Fläche zu legen, die unser Sitzkreis einschloß. Jedesmal, wenn ein neuer Stab hinzugelegt wurde, versuchten wir genau zu beobachten, ob sich in unserem Erfahren, in unserem Empfinden etwas verändere und in welche Richtung diese Veränderung wohl ginge. Von Zeit zu Zeit setzte sich jeder an eine andere Stelle. Er konnte dann bemerken, daß die Art, wie er die Einzelheiten aufeinander bezog, keineswegs unabhängig von der Richtung war, sondern immer damit zusammenhing, wie sich das ganze entstehende Gebilde auf ihn selbst bezog. Er selber bildete also eine Art Symmetrieachse für den vor ihm liegenden Plan. Hier entstand ein Rechts-Links-Verhältnis, ein Nah- und Fern- bzw. Unten- und Oben-Verhältnis. Je genauer wir beobachteten, um so deutlicher erfuhren wir, wie stark und differenziert die entstehende Komposition auf uns wirkt. Als ungefähr alle Stöcke verbraucht waren und die Komposition zu ihrem Abschluß gelangte, versuchten wir herauszubekommen, welche der gelegten Stöcke am Erscheinen der vor uns liegenden Figur oder Komposition am stärksten mitwirkten und welche vielleicht entbehrlich seien. So setzten wir also die Übung fort, indem wir, immer wieder ausprobierend, den einen oder den anderen Stab wegnahmen und gleichzeitig darauf achteten, ob die Qualität der Komposition sich wirklich verringere, gleichbleibe oder gar steigere. Eine aufregende Übung. Denn manches, was mit einer vielleicht ignoranten Willkür in die schon entstandene Komposition hineingelegt worden war und nur scheinbar bedeutungsvoll erschien, löste allgemeines Aufatmen aus, als es wieder verschwand. Wir reduzierten das Ganze auf fünf oder sechs Stäbe und erlebten nun in diesem Reduktionsprozeß stark, daß er zugleich eine außerordentliche Steigerung bewirkte, die wir vorher kaum hätten ahnen können. Die zuerst entfaltete Komposition zog sich zusammen, wie sich eine Pflanze zusammenzieht, wenn sie Früchte und Samen bildet. Ein Keim blieb übrig. Dieser Keim, äußerlich ganz reduziert, trug aber eine ungeheure Energie in sich, gerade dadurch, daß die schon vorhandene Entfaltung wieder ganz zurückgenommen worden war, daß wir auf sie verzichtet hatten. Wir begannen etwas von dem zu verstehen, was in der mittelalterlichen Philosophie ›actus‹ und ›potentia‹ genannt wird, die beiden lateinischen Begriffe für die aristotelischen Ausdrücke ›energeia‹ und ›dynamis‹, Wirklichkeit und Möglichkeit.

In einem wie eminenten Maße sich diese beiden Begriffe auf die plastische Theorie von Joseph Beuys beziehen würden, konnte uns zunächst nicht bewußt sein. Wir weiteten diese Übungen dann auf das Erfahren der Grundformen bzw. Grundformpolaritäten aus, wie sie sich im Werk Paul Klees darstellen. In der gegebenen Schilderung kann bereits deutlich werden, wie über die Erfahrung der Form und ihrer Wirkung auf den Betrachter hinaus sich bereits ein sozialer Prozeß abspielte, der auch als solcher beobachtet werden konnte.

Die Fragen, die mit der Bildung eines sozialen Prozesses zusammenhängen, wurden in einer dritten Übung unmittelbarer Gegenstand der Beobachtung. Wir holten uns von einem Schrottplatz verschieden lange, dickere oder dünnere, hohle oder massive stabförmige, plattenförmige oder blechartige Eisenteile. Wir hatten nicht vor, sie zu irgendeiner Konstruktion zusammenzuschweißen, sondern sie ihrem Klang nach zu verwenden. So führten wir die Eisenstäbe, von zwei Fingern gehalten, stückchenweise empor oder herab, bis wir bemerken konnten, wann sie den besten Klang entwickelten. An dieser Stelle durchbohrten wir sie und hängten sie an Fäden über einem Eisengestell auf. Dann setzten sich vielleicht sechs oder acht von uns rings um die im Karree aufgehängten Eisenstangen, -stäbe und -bleche und begannen die Übung. Sie bestand nun darin, averbal miteinander in Beziehung zu treten, durch Töne zu kommunizieren. Daß die möglichen Klänge atonal waren, ist klar. Die einzige Verabredung, die wir trafen, war, daß wir aufhören wollten, wenn man das Gefühl haben könnte, man habe sich gefunden oder es sei etwas entstanden, was in sich selbst zur Ruhe käme.

Es entstanden ungeheuer aufregende Prozesse. Zunächst einmal begab sich jeder in das entstehende Tongebilde ganz konstitutionell hinein, das heißt ohne zu fragen, ob etwas Gemeinsames entstehen wollte und worin es bestehen könnte; also ohne Blick auf ein zu gestaltendes Werk machte jeder erst einmal seine eigenen Erfahrungen. Er machte sich mit dem vorhandenen Material vertraut. In dieser Phase war wenig Rücksichtnahme auf das wahrzunehmen, was die anderen derweil produzierten. Nach dieser Phase der Materialerfahrung kam zunächst mehr zum Ausdruck, was der einzelne an konstitutionellen Eigenschaften mitbringt, ob er zart blieb und mehr lauschte, ob er draufhieb und an dem Selbsterzeugten sich berauschte, ob er zu führen begann oder ob er einem anderen getreulich folgte und mit ihm korrespondierte. Daran mußte er bemerken, daß die Korrespondenz mit einem der anderen Mitspieler schnell möglich war, daß dabei aber die anderen außer acht gerieten. Nun, man kann sich denken, auf wie vielfältige Weise hier ein Musikalisches entstand. Ein besonderes Problem entstand zum Beispiel dadurch, daß einer der Mitwirkenden es ungeheuer schwer hatte, überhaupt wahrzunehmen, was die anderen taten, bzw. daß sie sich längst gefunden hatten und daß eine musikalisch soziale Situation entstanden war, in der man hätte aufhören wollen. Er bemerkte es nicht. Wie konnte man ihn jetzt dazu bewegen einzustimmen, ohne Blicke, Gesten oder Worte zu verwenden? Es gelang nicht. Schließlich resignierten einzelne und hörten auf zu spielen, bis nur noch er alleine spielte und das auch schließlich irgendwann bemerkte und einfach aufhörte. So wurden starke Erlebnisse des naiven Verhaltens möglich. Alle Fragen des sozialen Verhaltens ließen sich an unseren Erfahrungen aufzeigen. Gleichzeitig trat natürlich auch mit aller Deutlichkeit die Frage auf: Wann ist das Entstandene zufriedenstellend, gut, und aus welchem Grunde? Tritt Befriedigung ein, wenn in der Fülle der Eisenklänge schließlich doch ein Dreiklang hörbar wird, den man zu genießen beginnt? Setzt sich ein faszinierender Rhythmus durch, in den schließlich alle einstimmen, mit dem aber die anderen Qualitäten des Musikalischen, Klang und Melodie, außer acht geraten und der aus sich heraus nie zu einem Ende kommen könnte? Wenn der Rhythmus, der aus dem vitalen Willen kommt, wenn das Melodische, das mehr einen individualisierenden, gedanklichen Charakter hat, und wenn der Reichtum des Klangs in dynamischer Spannung erschienen, wenn alle drei Elemente, nicht eines das andere dominierend, sondern alle drei miteinander harmonierten – ohne auf barocke Harmonien zurückzugreifen –, miteinander wirkten, dann entstand eine sich reich modulierende Klangfigur in einem sozialen Prozeß, in dem nicht mehr einer dem anderen sich unterordnete, sondern in dem alle gemeinsam auf das jetzt ihnen Erscheinende lauschten. In diesem gemeinsamen Lauschen und Tun, in dieser gemeinsamen Frage nach dem, was jetzt, in diesem Augenblick möglich werden kann und will, entstand jeweils die größte Befriedigung. Mit dieser Übung sind wir auch an einem Tag auf der dokumenta 6 im Rahmen der FIU (Freie Internationale Universität) gewesen und haben

da mit Beuys und mit dem Publikum gemeinsam an diesen Prozessen geübt.
Aus diesem Kreis heraus also, der sich auch mit vielen anderen Übungen beschäftigt hat, entstand die Frage an Joseph Beuys, ob er mit uns einmal an einem Tag die Frage: Was ist Kunst? bewegen wolle. So kam das Gespräch am 23. April 1979 zustande.
An dem Verlauf des Gesprächs ist deutlich, daß die Teilnehmer nicht jenen radikal erweiterten Kunstbegriff verwenden, den Beuys darstellt, sondern daß sie den Bereich des Künstlerischen mehr als jenen Lebensbereich betrachten, in dem man sich spielerisch bewegt, in dem man ohne äußere Zwänge lebt, in dem man, als einem Lebensfreiraum, Erfahrungen machen kann, Erfahrungen üben kann, die sich für den einzelnen im sogenannten praktischen Leben als hilfreich, stärkend, unabhängigkeitssteigernd auswirken können.
Der Ort des Gesprächs war die Vorhalle der Johanneskirche in Bochum, die Hans Scharoun im Jahr 1966 entworfen hat. An der Innengestaltung der Kirche hatten ferner Fritz Winter mit einem großen Tafelbild und Wilhelm Wagenfeld mit der Gestaltung sieben mannshoher Leuchter mitgewirkt. Der Vorraum ist als Eingangshalle bewußt nüchtern gehalten, ohne Sitzgelegenheiten, kein Seminarraum, aber zur Ausstellung von Bildern oder Skulpturen und für Begegnungen und Gespräche im Stehen gut geeignet. Auf seinen Fußboden, auf die Klinkerwand, die zugleich Außenwand der Kirche ist, nimmt Beuys Bezug.

2 Beuys an der »Schrottorgel« auf der documenta 6, 1977, und im Gesprächsraum der Johanneskirche

I. Das Gespräch mit Joseph Beuys
Was ist Kunst?

Meine Objekte müssen als Anregungen zur Umsetzung der Idee des Plastischen verstanden werden. Sie wollen Gedanken darüber provozieren, was Plastik sein kann *und wie das Konzept der Plastik auf die unsichtbaren Substanzen ausgedehnt und von jedem verwendet werden kann:*

Gedankenformen	–	*Wie wir unsere Gedanken bilden.*
Sprachformen	–	*Wie wir unsere Gedanken in Worte umgestalten.*
Soziale Plastik	–	*Wie wir die Welt, in der wir leben, formen und gestalten:* Plastik ist ein evolutionärer Prozeß, jeder Mensch ein Künstler.

Deswegen ist, was ich plastisch gestalte, nicht festgelegt und vollendet. Die Prozesse setzen sich fort: chemische Reaktionen, Gärungsprozesse, Farbverwandlungen, Fäulnis, Austrocknung. Alles wandelt sich.

(Joseph Beuys)[1]

Aus welchen Kräftekonstellationen entsteht Kunst?

Beuys: Ich habe mich durch mein ganzes Leben genau an diesem Punkt bewegt, wo die Frage entsteht, aus welcher Notwendigkeit heraus, also aus welchen wirklich objektiven Kräftekonstellationen heraus im gesamten Kräftekontext von Mensch und Welt läßt sich überhaupt begründen, daß so etwas entsteht wie Kunst. Es ist sicher eine Frage, die zentral in meinem Leben gestanden hat und aus der heraus ich auch Abstand genommen habe von einem anfänglichen wissenschaftlichen Arbeitsfeld. Denn bevor ich übergewechselt bin, rein aus dieser Frage, ich suchte nach einer Klärung dieser Frage, habe ich ein naturwissenschaftliches Studium begonnen und habe dort gewisse Erfahrungen gemacht mit dem in unserer Zeit bestehenden Wissenschaftsbegriff und habe ihn empfunden als einen, aus dem heraus diese Frage nicht beantwortet werden kann. Mit dieser Frage nach dem Sinn des forschenden Arbeitens, sagen wir einmal wiederum ganz im allgemeinen Feld aller vorliegenden Kräftekonstellationen – womit dann gleich auch schon einbezogen sind die Kräftekonstellationen des Lebendigen, des Seelischen, also des Psychisch-Geistigen und deren höhere Formen, ich will das einfach so ganz allgemein sagen –, habe ich mir rein experimentell damals einfach die Frage vorlegen müssen, ob ich es nicht einmal mit der Kunst versuchen sollte, wie sie nun, sagen wir einmal auch in der Zeit als eine Art von kultureller Tätigkeit vorgegeben ist. Ich habe schon geahnt, daß diese Grundfrage selbstverständlich auch dort ungeklärt sein würde, und habe dann auch erfahren, schon während meines Studiums auf der Akademie, daß tatsächlich diese Frage auch ungeklärt war, was den Ausgangspunkt angeht, die innere Notwendigkeit, aus der Kunst heraus die Welt zu entwickeln, daß diese Frage nicht beantwortet werden konnte; daß man vielmehr eigentlich erleben konnte, daß auch die Kunst eine Art Parallelbewegung mit der Wissenschaftsentwicklung durchgemacht hat als Akademismus, der weit zurückreicht, bis in die Renaissance hinein, und daß man doch gar nicht mehr so genau wußte, was man tun wollte. Man fand auf der einen Seite zum Beispiel Lehrer vor, so wie ich sie auch eingeschätzt habe, die an das Problem so herangegangen sind, wie heutzutage auch ein Anatom oder ein Chirurg im Operationssaal an die Sache herangeht, indem man einfach imitativ an die Sache herangeht, ganz im Sinn des Beobachtens von dem, was da ist, daß man es also in demselben Sinn wieder reproduziert auf Papier oder auch in einer räumlichen Form, also modelliert, nachkopiert; und auf der anderen Seite auch Lehrer vorfinden konnte, die einen radikal stilistischen Eigenwillen hatten und die aus irgendwelchen, ja sagen wir mal erst aus Zusammenhängen, die sehr schlecht einzuschätzen sind danach, woher sie stammen, woher diese Intentionen stammen, ein Stilistisches, sagen wir einmal aus der abstrakten Kunst heraus – das ist ja so ein populärer Begriff –, einem vorexerziert haben mit der Behauptung, das wäre nun also Kunst. Daß sich beide Dinge, die man erfahren konnte, selbstverständlich um dieses Problem herum bewegt haben, das war klar, und infolgedessen habe ich auch Lehrer gehabt, die man wirklich als Künstler bezeichnen kann. Aber was ich als einen Mangel empfunden habe, daß alle diese Grundfragen, also die eigentliche Grundlagenforschung nach der Kunst und ihrer Funktion, an der Akademie nicht beantwortet werden konnten. Und das hat mich um so intensiver auf die Beine gebracht, dort also der Sache nachzugehen. Das will ich erst einmal so hinstellen: der Sache nachzugehen. Und ich gehe der Sache ja bis heute nach, denn ich bilde mir nicht ein, daß ich über die Anfänge einer gewissen Wühlarbeit und Umkrempelarbeit in diesem Felde, sagen wir erst mal schon das Alleräußerste erreicht hätte. Nur eines scheint mir klar zu sein, daß, wenn diese Frage heute nicht in den Mittelpunkt der Forschung gestellt wird, daß dann alles weitere müßig ist in bezug auf Entwicklung, wenn diese Frage nicht gelöst ist, und zwar in einem so radikalen Sinn gelöst ist, daß die Kunst tatsächlich angesehen werden kann als der Ausgangspunkt aller weitergehenden Produktion in jedem Arbeitsfeld und daß dieser Begriff auch im Bewußtsein sein muß, wenn man zur Umgestaltung der Gesellschaft kommen will, daß sich dann dieser Begriff also tatsächlich auch auf Rechtsfragen und auf Wirtschaftsfragen, also auf ökonomische Fragen, beziehen wird. Ich sage einfach mal ›wird‹, weil es für mich inzwischen eine klare Sache ist, die auch immer mehr eingesehen wird und die auch das geeignete Mittel ist, um die Irrtümer in der Philosophie oder in der Soziologie des vorigen Jahrhunderts auszugleichen, beispielsweise die fehlerhaften Inklinationen bei Marx zu ergänzen durch das, was über seine richtige Analyse hinausreicht und zu einem wirklichen synthetischen Aufbau der Welt führen kann.

Also, da ist man mitten drin in dieser Frage nach der Notwendigkeit von Kunst, und sie hängt zweifellos auch damit zusammen, daß diese Frage ja auch notwendig als Freiheitsfrage gestellt werden muß. Denn wenn man

über diese Position, das heißt wieder über das Kräftepotential und also auch wieder um die Energiefrage herum, die gegenwärtig ja auch aktuell ist, auch in bezug auf die technologische Energie – Probleme die die Menschheit ja hat –, wenn man da diese Frage bearbeiten will, muß man sie als Gesamtenergiefrage stellen, und dann muß man erst einmal eine Bestandsaufnahme der Energien vor sich haben, die dem entspricht, was wirklich da ist; und dann wird ja in der Gegenwart sehr oft übersehen, daß der Mensch heute tatsächlich ein ganz anderes Energetisches ist als etwa vor 200 Jahren oder vor 500 Jahren oder 1000 Jahren, daß er heute zu tun hat mit den in ihm aufkommenden Freiheitsenergien, und daß das ganz genau der Punkt ist, aus dem bereits schon eine Aussage gemacht werden kann über die Kunst, daß sie also eine Art von Freiheitswissenschaft ist. Hat man diesen Boden im Bestand der Welt gefunden, daß die neue energetische Erscheinung innerhalb der Welt ist, repräsentiert durch den Menschen, daß sie jetzt eine Neuerscheinung im Menschen ist – wir wollen einmal außer acht lassen, inwieweit sie spirituelle Verbindung noch zu anderen Kooperativen von Kräftepersönlichkeiten in der Welt hat –, wenn das also das Vorgegebene ist – was man aber wahrnehmen muß, und das muß geübt und geschult und untersucht werden –, dann muß sich alles nach diesem energetisch Neuen ausrichten. Also Kunst als Freiheitswissenschaft erst einmal, und infolgedessen auch Kunst als Urproduktion oder als die Basisproduktion für alles weitere. Nun ist dieser Begriff scheinbar für viele Menschen doch zu hoch genommen; viele meinen ja dann, jeder Mensch kann ja nicht Künstler sein. Gerade da handelt es sich darum, den Begriff wieder zu einem zu machen, der eine Wesensbeschreibung des Menschen ist, eben des Menschen, der die Freiheit ausdrückt, verkörpert und als Entwicklungsimpuls für die Welt weiterträgt und entwickelt. Daß also hier es sich um einen anthropologischen Begriff handelt und nicht um einen traditionellen Begriff des gegenwärtigen bürgerlichen Kunstbegriffs. Das gibt dann die Schwierigkeiten in der Diskussion, daß man immer auf zwei Ebenen sprechen muß, daß man einmal über das sprechen muß, was aus der Vergangenheit gekommen ist, was also unsere Vorfahren erarbeitet haben und was heute als ein nicht mehr Geeignetes im Wege steht, wenn nicht darüber hinausgegangen wird, und daß man gewisserweise antizipatorisch, das heißt entwurfsmäßig in die Zukunft hinein denken muß. Das ist oft eine Schwierigkeit, wenn man beides besprechen muß, wie sozusagen das Neue im Schoß des Alten sich entwickelt.
Ich glaube, wir kommen später auf Spezielleres, aber ich muß erst einmal so diese großen Bögen schlagen.

Das Problem mit dem antizipatorischen Begriff ist doch, daß man wahrscheinlich – wenn ich sie richtig verstanden habe – doch nicht meint, daß man bestimmte Ideen hat, was nun gemacht werden soll, sondern daß man aus dem etwas entstehen läßt, was nun als Energie im Menschen drin ist. Und wenn man trotzdem jetzt das irgendwie fertigbringen muß, dem eine Richtung zu geben und nicht nur eine Ideologie zu verwirklichen, da sehe ich eine der Aufgaben dessen, was eigentlich nur Kunst machen kann, weil da gerade eben solche Widersprüche verbunden werden können. Wie sieht das bei ihnen ganz konkret aus, wenn sie so etwas angehen?
Beuys: Ja, erst einmal versuche ich zu verstehen, was sie sagen wollen, und wenn ich diese Frage beantworte, kann ich sie natürlich selbstverständlich nur aus meinen Erfahrungen be-

antworten und aus dem, was ich über diese Sache denke, und damit habe ich zugleich auch gesagt, wie es bei mir aussieht. Einfach etwas entstehen lassen, darum kann es sich ja eigentlich nicht handeln; einfach etwas aus sich heraussetzen, darum kann es sich nicht handeln. Denn daß Menschen etwas aus sich heraussetzen, das kann zwar ein Vorgang sein, aber dieser Vorgang muß ja angeschaut werden, angeschaut werden so, daß ich sage: Gut, es ist etwas aus mir herausgekommen, aber hat es nun auch schon Qualität? Jetzt fängt dann natürlich an, daß ich nicht sagen kann, Kunst ist einfach ein Prozeß, der kommt irgendwie heraus, ist also, ich will einmal sagen etwas Erbrochenes, denn das, was herauskommt, kann ja gerade das Falsche sein. Also, es ist nicht damit getan, daß etwas aus dem Menschen herauskommt, indem er irgendwie an die Sache herangeht, und, sagen wir mal etwas aus sich herausläßt, und es ist nicht gesagt, daß das, was herauskommt, auch schon das Richtige ist. Da beginnt ja die Schwierigkeit. Denn es gibt ja Konstellationen in jedem Menschen, die gerade unter Umständen, wie soll man sagen, wenn man den Prozeß einfach so betreibt, daß man ihn laufen läßt und nichts weiteres darüber hinaus tut, daß dann ja nichts anderes kommt als ein Psychogramm von Krankheitserscheinungen beispielsweise, das kann ja sein. So ist das ja auch oft, das ist jedenfalls meine Erfahrung. Also da haben sie angesetzt und haben gemeint oder hatten da vielleicht die Befürchtung, daß wenn man antizipatorisch einen Ideenzusammenhang faßt, daß das der Kunst schaden würde. So ähnlich habe ich ihre Äußerung empfunden. Sie haben gemeint, ich hätte damit eine Konzeption vorgefaßt. Sie haben wahrscheinlich auch gemeint, es wäre eine intellektuelle, sagen wir einmal Planung, bevor überhaupt etwas entstehen kann, künstlerisch mit allen möglichen Kräften sich bilden kann. So ähnlich habe ich die Frage verstanden.

Ja, ich meinte so dazwischen, zwischen dem ›einfach machen‹ und dem ›eine Ideologie haben‹, das die Sache doch gefährden würde, glaube ich.

Beuys: Ja, von Ideologie haben wir bis jetzt nicht gesprochen.

Nein, davon haben sie nicht gesprochen, aber wenn man...

Beuys: Ideologie wäre zum Beispiel, ja aber...

... es wird leicht ein Widerspruch, und wie lösen sie das, daß es sozusagen nicht ›einfach nur macht‹ und sie zum anderen dennoch genau wissen, daß es auch eine Richtung hat, wobei ich ihnen jetzt nicht unterstelle, daß das, was sie vorher gesagt haben, Ideologie wäre.

Übung und Verwirklichung

Beuys: Aber wir müssen uns erst einmal über diesen Charakter der Ideologie unterhalten. Das, was sie jetzt geäußert haben, diese Befürchtung, daß also das Denken über diese Sache, das wirklich auch kritische Denken darüber, Ideologie sein könnte, das sehe ich nicht. Ich sehe wohl eine Ideologie in dem, was sie gesagt haben, daß das einfache Machen ohne diese Reflektion vielleicht gesünder ist als das, sagen wir einmal Planen einer Sache, das darüber Nachdenken im Gegensatz zum einfach spielerischen Sich-Betätigen im Sinn einer Eigendynamik. Denn diese Ideologie existiert gerade in unserer Zeit und ist ja weit verbreitet, daß man Menschen einfach ans Machen setzt und sagt, je weniger man da Einfluß darauf nimmt, einfach machen lassen, desto mehr kommt dabei heraus, und dann läßt man das einfach so stehen; das ist eine Ideologie. Das heißt, man nimmt an, daß aus allen möglichen unbereinigten Konstellationen im Inneren der kreativen Potentiale etwas herauskommen wird, was irgendwie etwas sein wird; aber das braucht nicht zu sein, wenn die inneren Potentiale in sich nicht mehr übereinstimmen, wenn also das innere psychologische Kraftfeld gestört ist, daß etwas herauskommt, es könnte beispielsweise rein triebhafter Natur sein. Und wenn man etwas, was rein triebhafter Natur ist, dann auch noch mit so einer Macherideologie überbaut, dann hat man es mit einer Ideologie im kreativen Bereich zu tun. Denn Ideologien sind ja keine Ideen, sondern da werden Ideen mißbraucht, um Triebe durch einen Gedankenapparat zu beschönigen. Ganz einfach so etwas darüber zu ziehen, als wäre das etwas, was überhaupt diskussionsfähig wäre. Also der Sache muß man viel genauer nachgehen. Also jetzt noch einmal die Frage an mich: Sie meinen, ob ich vorher eine Sache plane?

Mir geht es um den Widerspruch, der darin steckt, daß man nie einfach nur so machen kann, da bin ich ganz ihrer Auffassung, andererseits ja auch nicht richtig planen kann, weil das ja auch eine Gefährdung ist, nach der anderen Seite hin, daß es zu stark vorstrukturiert ist. Trotzdem muß man ja dieses Machen in einer gewissen Weise verwenden, verbinden mit dem, was eine Richtung hat. Und das interessiert mich. Ein allgemeines Problem, wie umgrenzen sie das?

Beuys: Jetzt habe ich sie, jetzt ist sie enger eingegrenzt, diese Frage, und sie läßt sich imgrunde nur so beantworten, daß das in einem abstrakten, aus dem Zeitstrom herausgenommenen Prozeß gar nicht zu beantworten wäre. Also, auf deutsch oder simpel gesagt, naiv ausgedrückt heißt das einfach: Wenn sich das nicht durch mein ganzes Leben hindurchzieht, diese Arbeit an dieser Bildung von Kriterien oder Richtkräften an der Sache, dann wird das nicht gelingen, punktuell geht das nicht; wenn ich mir das heute jetzt vornehme, daß das in der nächsten Stunde sein soll, der komplizierte Zusammenhang zwischen Richtkraft und dem, sagen wir einmal was aus dem Menschen, aus den schöpferischen Kräftekonstellationen herauskommt, dann wird das nicht gehen. Das heißt einfach, ich muß mich immer wieder vorbereiten, immer wieder vorbereiten und muß mich in meinem ganzen Leben so verhalten, daß kein einziger Augenblick nicht der Vorbereitung angehört. Also ob ich nun den Garten bearbeite, ob ich mit Menschen spreche, ob ich mich im Straßenverkehr bewege, ob ich ein Buch lese, ob ich unterrichte oder in welchem Arbeitsfeld und in welchem Tätigkeitsfeld ich auch zu Hause bin, ich muß immer die Geistesgegenwart, das heißt den Rundblick haben für die gesamte Kräftekonstellation, das heißt ich muß mich immer planend vorbereiten; und dann, wenn es sich um eine spezielle künstlerische Tat handelt, daß ich einen Raum ausschmücken muß oder einen Tisch decken muß oder auch vielleicht ein Bild malen, eine Architektur machen, dann habe ich die Kräfte präsent. Dann habe ich die Prinzipien präsent. Und es wird etwas aus mir herauskommen, was schon wesentlich richtiger ist, als wenn diese vorbereitende Arbeit nicht stattgefunden hat. Das ist einmal einfach die Übung. Aber auch dann muß ich selbstverständlich auf das schauen, was aus mir herausgekommen ist, beim Architekten vielleicht erst einmal der Entwurf, beim Maler kann es natürlich auch gleich das ganze Bild sein, da muß ich hinschauen, ob das wirklich ist. Ich muß also ein weiteres Kontrollorgan auf die Sache richten. Ich muß aber auch andere Menschen an die Sache heranführen, also ich muß sofort in ein Gespräch mit anderen Menschen kommen und deren Argumente hören, denn ich kann nicht behaupten, das kann ich nie, daß das, was ich herausgestellt habe, etwas ist, was objektiv und nach allen Seiten hin richtig ist. Das kann kein Mensch behaupten, er kann nur sagen, das, was ich hier herausgebracht habe, ist das Ergebnis meiner Arbeit und bitte jetzt weitergehende Argumente, denn ich bin ja in der Entwicklung. Ich kann ja nicht sagen, daß irgendeiner an meine Sache zu glauben hat, ganz im Gegenteil, alles was Menschen also herausstellen – das sollte auch der neue Kulturbegriff sein – muß wie eine Frage in der Welt stehen, die nach Ergänzung und nach Verbesserung und nach Erhöhung strebt. Also kann man sich auch bekennen in der Kunst, indem man sagt, daß sie auf dem Weg zu einer Sache ist und also eine Vollkommenheit nach allen möglichen Prinzipien von Weltgeist, will ich einmal ganz allgemein sagen, sicher nicht beinhalten kann; und unter Umständen könnte es auch der Tod der Kunst sein, wenn die Kunst etwas so perfektes wäre. Sie ist etwas Lebendiges, sie ist unter Umständen auch nur ein fragmentarischer Impuls. Und auch der fragmentarische Impuls kann einen gewissen Wert haben in der Entwicklung. Sogar eine Kunst kann einen Wert haben, die mit einem Surrogatcharakter, mit einem Ersatzcharakter antritt, wenn sie im Bewußtsein haben, was man mit einem Surrogatcharakter erzielen kann in der gesamtpsychologischen Situation der Zeit. Ich habe des öfteren solche Methoden angewandt, wo ich gewußt habe, hier wird irgendein Material jetzt so eingesetzt, daß es provoziert, daß eine Provokation da ist, um überhaupt die Diskussion anzuregen. Aber in den meisten Fällen ist es mir doch gelungen, über den Surrogatcharakter hinauszugehen, so daß ich begründen konnte, mit welcher Provokation und aus welchen substantiellen Überlegungen oder, sagen wir einmal Intuitionen heraus die Materialien ihre Begründung haben, warum es gerade die sein mußten und nicht andere. Ich will es nur einmal so offen hinstellen, daß nicht gleich gemeint werden kann, daß das eine Art von Perfektion sein muß, aber doch muß ein gewisser Wert auf die Strenge, auf die Richtung gelegt werden, daß man da nicht unsauber sein kann oder mit Ideologien hingucken kann, das ist wohl nicht denkbar.

Mir scheint, daß das, dieser Umgang, von dem du sprichst, auch zwei Richtungen haben kann. Auf der einen Seite wird ja dasjenige, was man erkenntnismäßig sucht, immer zu einem Allgemeinen führen, denn was sich dann eben auch durch die gesamten Tätigkeiten durchziehen kann, es ist sozusagen immer die Suche nach dem Einen, wenn man es rein philosophisch anschaut. Während der künstlerische Prozeß in seiner Ausübung doch auch sehr stark die Seite in sich hat, daß das mehr oder weniger anschaubar Ideenhafte, indem ich es künstlerisch handhabe, individualisiert wird, und in diesem Individualisierungsvorgang eben nicht ein Erkenntnisvorgang drinliegt, sondern ein Hereinholen der Idee in die Wirklichkeit, so daß Erscheinungen entstehen, die nicht unter Naturzusammenhängen oder gar Zufallszusammenhängen stehen, die aber auch nicht so auftreten wie Ideen, Begriffe, sondern eben in Erscheinung treten anhand von Materialien oder, sagen wir einmal Strichkombinationen oder etwas ähnlichem. So daß auf der einen Seite das Allgemeine und auf der anderen Seite sozusagen die radikalste Subjektivität, nämlich dadurch, daß nur einer es machen kann, in der Kunst zur Erscheinung kommt.

Beuys: Ja, das kann ich wohl akzeptieren, obschon, es gibt ja Kunstformen, die man gar nicht alleine machen kann, die man nur in Gemeinsamkeit machen kann. Ich kann es akzeptieren, wenn ich das vielleicht einmal illustrieren kann damit, daß man zwar eine Idee haben kann, eine Idee von der Kunst, die die Prinzipien auf das zurückführt, was man das Eine nennt, was man dann schließlich auch in einer Formel ausdrücken kann, daß man dann aber doch als Arbeiter oder als Produzent – ich will jetzt einmal den Begriff des Künstlers ganz auslassen, denn das ist ja sowieso schon klar, daß es sich hier um die Kunst handelt, rein vom Ausgangspunkt her –, daß man als Produzent also im Idealfall doch dies beides leisten müßte, daß man die Formel finden müßte, von der aus man, sagen wir einmal ganz global das Weltproblem lösen kann, daß man die Formel gefunden hat oder sich mit ihr befaßt, sich ihr annähert oder ein großes Interesse daran hat, eine solche Formel zu finden, so etwa wie vergleichsweise die Einsteinsche Formel, die im traditionell physikalischen Bereich ja vieles revolutioniert hat, daß man jetzt also eine Formel findet, die noch viel besser funktioniert als die Einsteinsche – in Richtung auf den Menschen und seine zukünftige Entwicklung, die also da alles revolutioniert; wobei ich meine, diese Formel wäre dann von vornherein auch nicht mehr so ein Denkergebnis wie in der klassischen Philosophie, sondern würde auch schon der Notwendigkeit entsprechen, daß so etwas nur zugänglich ist durch Intuition und Imagination und solch höhere Denkkategorien –, und daß man auf der anderen Seite die Idee ausdrücken kann, indem man ein simples Olivenblatt aquarelliert. Eine solche Idee kann man natürlich nicht bildnerisch darstellen, aber indem man sich mit einer solchen Idee, sagen wir einmal berührt, erscheint das Olivenblatt oder der Sonnenstrahl oder ein kleiner Kieselstein auf dem Weg in einem ganz anderen Licht; und selbstverständlich würde ich nie darauf verzichten, solche einfachen Dinge darstellen zu wollen, nur weil ich angeblich eine große Idee habe; vielmehr stellen sich die großen Ideen in der Kunst oftmals in sehr bescheidener Gestalt heraus, als Bild durch einen kleinen Farbfleck oder durch eine Grünstimmung an einer bestimmten kleinen Form, etwa an so einem Olivenblatt; und das ist der große Zusammenhang, und dazwischen gibt es alle möglichen Formen auf dieser Skala. Aber das muß, glaube ich, doch radikal gesehen werden, daß Kunst an und für sich diese Sinnenfälligkeit hat, was man auch ausdrücken kann, wie du es ausgedrückt hast, daß es sich nur durch den einzelnen vollziehen läßt. Daß es etwas ist, was anders ist als die Ergebnisform eines Erkenntnisprozesses. Trotzdem, meine ich, ist es ein Erkenntnisprozeß, wenn einem das einigermaßen klar ist, das Verhältnis zwischen dem Olivenblatt und der großen Idee. Ist denn nicht auch das Olivenblatt eine Erkenntnis in Bildform?

Wie ist es denn, wenn Materialien, also ich denke zum Beispiel an Wachs oder Fett, mit einem Wesenhaften verbunden werden, also wie das Wesen der Biene, du hast es eingesetzt, und was geht da voraus? Es ist doch erst einmal die erkenntnismäßige Auseinandersetzung mit dem, was sich in so einem Bienenvolk abspielt. Wir können ja nicht als Individuum irgendwie in diese Gruppe Bienen hineingehen, und trotzdem haben wir die Produkte. Wir sehen die Produkte Honig und Wachs. Und sie werden auch eingesetzt bei dir.

Beuys: Also erst einmal würde ich bestreiten, daß Menschen nicht fähig sind, in die Biene hineinzugehen.

3 Joseph Beuys, »Das Bild«, 1947

Nein, das sag ich nicht, sondern in das Gesamtgruppenbild.

Beuys: Ja, das bestreite ich auch, denn wenn sie in die Biene hineingehen, dann ist es, glaube ich, leichter, in das Gesamtgruppenwesen hineinzugehen. Das ist besonders schwer (lacht), denn das ist ja schon ein Atom von dem Gesamten. Aber das gerade ist ja meine Absicht, daß diese Fähigkeit entwickelt wird, daß Kunst, zum Beispiel Malerei oder Bildhauerei, nicht etwas Retinales bleibt. Wir leben ja in einer Kultur, die die Kunst formal anschaut und immer sagt, daß die bildende Kunst retinal ist, also nur mit den Augen erfaßt wird. Das Auge ist ein ganz wichtiges Sinnesorgan, besonders für die Farben eines der wichtigsten. Aber wenn nur das im Spiel ist, dann kann heute meines Erachtens keine interessante Malerei mehr entstehen, sie wird formal abgleiten. Also ich habe mich ja mit den Substanzen auseinandergesetzt, und meine Intention ist die Auseinandersetzung mit der Substanz, grundsätzlich, und die Substanz ist natürlich allein schon ein seelischer Prozeß. Also, und das mit den Bienen ist ein vital lebendiger Prozeß, und da spielen Wärmeprozesse eine Rolle. Da ist eine Kräftekonstellation im Blickfeld, die ja mit dem Retinalen gar nichts zu tun hat, sondern die Wärme wird ja nicht durchs Auge aufgefaßt, bestenfalls auf einem Umweg, so daß man sagen kann, die Farbe ist warm, die erlebe ich warm, durchs Auge. Aber ich habe ja versucht, das Gesamtsubstantielle im Sinn eines Gesamt-Chemismus zum Beispiel an die Malerei oder an die Bildhauerei oder an die Zeichnung heranzubringen, als Diskussion, daß man also in die Kräfte hinein muß, und wenn man in den Kräften drin ist, daß man sie dann sozusagen niederlegen kann als Zeichen oder als Hinweise oder als Werkzeuge oder als Orientierungspapiere oder als Stimulantien oder als Therapie, als Heilmittel oder was auch immer alles dann möglich ist. Womit auch schon gleich gezeigt ist, daß das in allen Berufssparten möglich ist, ein solcher, sagen wir einmal künstlerischer Vorgang, daß er, wenn ich mich mit dieser grundsätzlichen Frage der Substanz beschäftige, die ja das Retinale des Auges, also das Formale mit einschließt, in jedem Arbeitsfeld möglich ist und sich also mit dem Problem der menschlichen Arbeit zusammenbringen läßt. Das ist ja mein Versuch gewesen, über die Substanzen eine Aussage zu machen, die Substanzen, die schichtweise sich hinausbegeben in eine übersinnliche, nicht mehr im Physischen vorhandene Substanz. Also der Zusammenhang mit dem geistigen Stoff gehört auch zur Substanzdiskussion, und nicht nur das, was man auf die Waage bringen kann und wo ein Gewicht den Zeigerausschlag erzielt, ist Substanz, es gehört dazu diese Diskussion vom sakramentalen Charakter bis hin zum Endstadium der Substanz, wo sie sich niedergeschlagen hat, etwa im Wachs, wo aber am Niederschlag sich noch der Prozeß spürbar machen läßt, wenn man ihn in bestimmten Konstellationen anordnet oder bestimmte Experimente und Versuche damit macht. Ich gehe ja gar nicht weiter und sage, ich habe da etwas erreicht, ich sage nur, ich habe Experimente und Versuche damit gemacht, und diese Versuche haben eine Diskussion angeregt. Sie waren also insofern erst einmal erfolgreich, indem sie eine Diskussion angeregt haben. Weiter gehe ich ja gar nicht. Ich behaupte ja gar nicht, daß diesen Experimenten, die ich unternommen habe, irgendein bleibender Wert anhaftet. Das kann gar nicht mein Problem sein. Mein Problem kann nur sein, ob man auf dieses Bewegungselement kommen kann, ob man die Menschen also auf diese Bewegung, in diese Bewegung hineinbringen kann, wenn sie in der Zeitkultur stehen, die herrscht und die geherrscht hat und die das erzeugt hat, wodurch die Menschen in Erstaunen geraten sind, daß das gelöst werden kann und man das gemeinsam vollziehen kann. Das ist ja mein Interesse, also eigentlich wieder ein therapeutisches Interesse, so könnte man fast sagen, ein medizinisch-chemisch-therapeutisches Interesse, da etwas zu bewirken, bis in die politischen Aktivitäten – die ja keine politischen Aktivitäten sind, weil der Begriff Politik nicht mehr stimmt –, weil ohne diesen Hintergrund ich die Sache gar nicht machen wollte; das heißt, wenn ich ohne diesen Hintergrund einen Wahlkampf führen müßte, wie ich ihn jetzt mache, dann würde ich ihn nicht führen. Da ich aber diesen Hintergrund habe und glaube, da einen Beitrag leisten zu können, deswegen kann ich ihn führen und kann natürlich dann auch die tagespolitischen Begriffe einordnen in diese Grundvorstellung.

Für mich war eigentlich mehr die Frage das Phänomen, also um jetzt bei der Biene zu bleiben: Wärmeprozesse haben ja mit Wachs zu tun. Das ist ja eigentlich wahrnehmbar für jeden, der sich mit der Biene beschäftigt, der Imker..., der wird das wahrnehmen, also diese Wärmeprozesse, allein vom Gefühl.
Beuys: Aber nicht so ohne weiteres...

Bienenkästen sind ja warm.
Beuys: Ja, die sind warm, natürlich, die Herdplatte ist auch warm. Wenn er sich da draufsetzt, wenn's ihm heiß ist, springt er runter, der Imker. Nein, aber es ist merkwürdig, daß gerade bei den Imkern dieses Gefühl nicht mehr vorhanden ist. Ich habe in einer Bienenzeitung so einen Artikel gebracht. Der hat zwar bei manchen Imkern ein Interesse gefunden, daß sie gesagt haben, ja, das ist das, was wir auch annehmen. Aber die meisten haben gar kein Verständnis dafür. Es sind ja heute alle Berufe degeneriert. So wie der Schmied heute keinen Sinn mehr hat für das Element des Feuers, nicht, ganz abgesehen, daß er auch immer mehr verschwindet, weil ja heute auch alles schon mit Schweißapparaten gemacht wird usw. So hat heute auch der Imker oftmals gar kein Gefühl mehr für das, was ich unter Wärme verstehe, daß da Wärme drin ist und daß die nicht frieren dürfen, die Tiere, das weiß der auch. Aber er kriegt das nicht mehr in einen sinnvollen Zusammenhang zum Menschen, und deswegen ist es so wichtig, daß man alle Tätigkeiten und alle Berufssparten mit solchen, sagen wir mal Erörterungen über die Kräftekonstellation im Ganzen, über das, was das Energieproblem in der Zeit ist, konfrontiert, und das bringt erst wieder die Verbindung von Mensch und Kosmos überhaupt in richtiger Weise zustande. Nicht nur, daß man die Zusammenhänge der Energiefrage kennt, die ist ja viel, viel größer, die ist ja sehr viel größer als die Physik oder der Materialismus das so lehrt.

Dieses, was sie gerade über die Wärme gesagt haben, wird doch auch zu den vorbereitenden Tätigkeiten gehören. Ich habe mir gerade überlegt, wie man das macht, diese Vorbereitung, daß man ständig bei allem, was man tut, eben sich so innerlich dann bereit machen kann, daß eben dann, wenn man wirklich ein Kunstwerk macht, etwas dabei herauskommt, was anzuschauen ist. Und vielleicht wäre es eine Übung, die man da eigentlich dauernd aufbringen müßte, daß man eben wieder empfinden kann, was Wärme wirklich ist, auch was Licht wirklich ist oder so.
Beuys: Ja, sicher. Das ist alles wichtig. Aber wenn man den Entstehungspunkt von Wärme

also nicht so, wie soll man sagen, mitgegeben bekommen hat, daß man das also vielleicht schon als Kind erlebt hat – da muß man ja immer nachfragen, wie war das eigentlich, hab' ich das nicht alles schon selbst mal gewußt, hab' ich's nur wieder vergessen? –, dann kann man's am besten üben, indem man nicht so viel an das Gefühl denkt, sondern indem man einfach richtig denkt. Und da ist meines Erachtens die beste Methodik, sich mit der »Philosophie der Freiheit« auseinanderzusetzen.[2]

Ich meinte jetzt nicht Methodik.
Beuys (lacht): Ja, da ist nämlich das, da wird nämlich tatsächlich, da erlebt man, wie für das freie Denken der Wille als Wärmeimpuls notwendig ist, um das überhaupt bewirken zu können. Da hat man es mit einem plastischen Prozeß zu tun, wodurch es berechtigt ist zu sagen: Denken ist bereits ein skulpturaler Prozeß, der auch sich nachweisen läßt als eine echte kreative Leistung, das heißt ein vom Menschen, vom Individuum selbst hervorgebrachter und nicht von irgendeiner Autorität indoktrinierter Vorgang. Das ist sehr wichtig. Und daraus lernt man meines Erachtens sehr viel über die plastischen Zusammenhänge erkennen und über den Wärmecharakter im schöpferischen Bereich, im Evolutionsprinzip. Denn das Denken des freien Individuums wiederholt ja das Evolutionsprinzip ganz vom Urbeginn an. Der Mensch wird selbst zum Schöpfer der Welt und erlebt es auch, wie er die Schöpfung fortsetzen kann. Das ist dann auch seine ganze Verantwortung. Die ganzen damit zusammenhängenden Fakten, Tatsachen erscheinen dann. Und dann ist man eigentlich in dieser Sache darinnen. Denn das Gefühl bringt sie gar nicht.

Ich meinte auch nicht das Gefühl, ich meinte eigentlich mehr Sinneswahrnehmung.
Beuys: Bei der Sinneswahrnehmung auch nicht sofort, so meine ich jedenfalls sagen zu können. Ohne diese Voraussetzung, daß man das erst in sich erzeugt hat, als Eigentätigkeit, wird es einem die Sinneswahrnehmung nicht so ohne weiteres liefern, denn die Sinneswahrnehmung, vor allen Dingen die retinale, also durch das Auge, ist kühl, ist distanziert. Man muß der Sache etwas hinzufügen, das heißt man muß mit dem Auge etwas anstellen, damit es die Wärme, die Wärmeprozesse überhaupt erfassen kann; denn läßt man das Auge so, dann wird es, sagen wir mal aus dem Gesichtswinkel der Zeitkultur, die Sachen eher abkühlen und unterscheiden, also dividieren, analysieren, also wie ein Fotoapparat, wie der Sehstrahl das ja auch macht, kristallin gegeneinander abtrennen. Und das ist ja besonders beim Auge der Fall. Beim Hören ist es etwas anderes. Deswegen ist es wichtig, daß man auch Bilder hört und Skulpturen mit dem Ohr wahrnimmt usw. Also da muß man eine viel innerere, tieferliegendere Maschinerie in Gang setzen, die dieses Wärmemäßige erzeugt, evolutionäre Wärme erzeugt, die den Menschen fähig macht zu einem Wesen, voranbringt, das die Evolution trägt, das ist meines Erachtens wichtig.

Möchten sie das angehen, daß man das irgendwie einmal konkret beschreibt, wie sie das machen, wenn sie so eine Bienenwabe sehen oder wenn sie auf Wärme in Beziehung zu den Bienen kommen, und wie sie da mit der Wahrnehmung vorgehen. Dies ist ja eigentlich schwierig, wenn man jetzt so etwas nur, ja wie sie sagen, retinal sieht, darüber hinaus zu gehen. Man hat natürlich seine Empfindungen, man denkt, man hat sein Wissen, und ich hätte einfach das Anliegen, daß sie es einmal konkret beschreiben, so daß man das irgendwie nachvollziehen kann, wie das geht oder wie sie das machen oder was sie da auch in sich ansprechen; ich hab' einfach das Gefühl, sie haben da noch andere Organe, oder der Mensch hat überhaupt noch andere Organe, etwas in sich hineinzunehmen, denn in der Wahrnehmung nehm' ich ja etwas in mich hinein. Sie meinen da sicherlich etwas Ganzheitliches…

Beuys: Ja, da sind wir wieder bei der Schwierigkeit, etwas punktuell aus der allgemeinen täglichen Übung mit den Erscheinungen herauszunehmen. Aber wenn man zum Beispiel dahin schaut, was da als Konstellation vorhanden ist, dann ist das für mich eine Sache, die ich zurückverfolgen muß bis in meine Kindheitserlebnisse und von der ich da etwas geahnt habe als von etwas vollkommen Verschiedenem. Denn was da ist, ist ja nicht irgendwie nur formal voneinander verschieden, das ist es auch, aber es ist vor allen Dingen von seinen inneren Triebkräften her vollkommen verschieden, es ist doch sehr verschieden zum Beispiel da der Kristall von den Knochenbildungen, so daß ich also ganz andere Kräfteverhältnisse vermuten muß. Ich kann es jetzt ihnen einfach nur vormachen, wie ich mich einer solchen Gegebenheit zuwende. Jetzt ist selbstverständlich die andere Frage: Es kann doch nicht nur bei mir so sein! Denn wenn es bei mir so ist, dann kann ich doch nicht logisch daraus schließen: Weil das bei mir so ist, ist es *nur* bei mir so; sondern eher kann ich doch logisch sagen: Wenn diese Frage bei mir auftaucht, müßte sie doch eigentlich auch bei den anderen auftauchen. Denn ich erkenne mich doch auch als, sagen wir mal Mensch unter Menschen und erlebe doch auch, und ich habe ja auch meine Lehrer gehabt in der Schule, die sich auch ungeheuer viel Gedanken gemacht haben über alles mögliche. Ich habe ja auch sehr viel von meinen Lehrern gelernt, vielleicht haben sie mich auf das nicht unbedingt hingestoßen. Aber ist es nun nicht einfach so, daß wenn ich das beobachte, was in meiner Umgebung ist, daß ich mir die Fragen stellen muß, aus welchen Kräften sich das hergestellt hat innerhalb, sagen wir der Geschichte, jetzt Geschichte auch als Gesamtgeschichte, als Evolution von Mensch und Welt? Also das muß man natürlich auch, glaube ich, nicht abgelöst sehen von irgendeinem Eingebettetsein in solche Verhältnisse. Ich kann es also ihnen jetzt auch nicht punktuell sagen, wie ich das mache, denn ich mache es ja jetzt im Augenblick gar nicht so, indem ich das jetzt in der Auseinandersetzung zu einem bestimmten Zeitpunkt mache, sondern das ist eine Auseinandersetzung in meinem Leben gewesen. Und dann mache ich den Versuch und schaue mir den Versuch an. Auch jetzt mache ich einen Versuch, ich versuche mich auszudrücken über diese Frage. Und der Versuch kann vielleicht heute mißlingen. Dafür gelingt er vielleicht nächste Woche besser. Also ich versuche, mich jetzt an das heranzubegeben. Aber vor allen Dingen muß man sich davor hüten zu denken, daß, was ich hier schildere, etwas besonderes ist. Es ist nichts besonderes, sondern das ist die ganz normale Situation, wie sie eigentlich sein sollte. Es ist also das Alleralltäglichste, von dem ich spreche. Ich spreche nicht von einer exzeptionellen Situation, und ich möchte vor allen Dingen nicht, daß gemeint wird, ich stelle mich hier als einer heraus, der, sagen wir mal anders ist als andere, sondern ich spreche über den Tatbestand der Kräftekonstellationen im weitesten Sinne.

Ja, das ist, glaube ich, auch gar nicht das Problem, sondern: Wenn ich jetzt denke, da vorne ist diese Wabe, dann versuche ich erst einmal herauszukriegen,… Ich faß' sie an und fühle, na ja, sie ist irgendwie so ähnlich wie meine Haut zum Beispiel. Oder ich kann sie auch durchaus in Verbindung bringen mit Wärme; auf der anderen Seite ist diese Form, die ist sehr abstrakt und hat eigentlich mit diesem Fett, das eigentlich, wie man sagen kann, keine Formtendenz hat, gar nicht so viel zu tun. Jedenfalls sieht man das nicht da drin. Und da mein' ich, daß man Ansatzpunkte findet. Wie geht man da jetzt vor? Also ich habe mich eine ganze Zeit lang mit Ihren Sachen befaßt, und ich meine, ich hätte da einen Weg gefunden, wie man das macht, also wie man immer wieder Bezüge findet, zum Beispiel zur Wärme. Wie empfinde ich Wärme? Ich kann Wärme durchaus ganz übersinnlich empfinden, in der Sympathie, in der Zuwendung beispielsweise.

Beuys: Ja, das meine ich doch.

Ja, und da hätte ich gerne einfach mal so ein paar ganz konkrete, wirklich konkrete Anhaltspunkte oder Hilfen, jetzt nicht so ganz allgemein mit Menschen- und Weltentwicklung oder Mensch und Kosmos. Sicher, ich lebe auch im Kosmos, ich fühle mich als ein Bestandteil des Kosmos, aber ich lebe jetzt, ich hab' hier Beine, die stehen auf dem Boden, vielleicht nicht ganz, aber zum Teil. Und da setzt für mich das ganz konkrete Problem an, nicht Mensch und Kosmos ganz generell und weit, sondern: Wie gehe ich damit jetzt im Moment um?

Beuys: Da, wo Sie zum Beispiel sagen, sie haben die Füße auf dem Boden stehen, da fängt es ja an. Sie können, wenn sie bewußt gehen und nicht einfach so gewohnheitsmäßig, sich mal beim Gehen konzentrieren darauf, wie sie auf dem Boden stehen und gehen, und wenn sie's dann wahrnehmen und bewußt vollziehen, die Wärme schon erleben. Da ist zum Beispiel eine Möglichkeit, sie zu erleben, die Wärme, die aufsteigt durch den Akt des Willens, der den Menschen aufrichtet und fähig macht, so aufrecht auf der Erde herumzugehen. Wenn ich das aus dem Gewohnheitsmäßigen herausnehme und, sagen wir mal ganz bewußt jetzt durcherlebe bis in den Knochenbau hinein, bis dahin, wie das wirkt auf den Kopf, bis dahin, wie das wirkt in die Fingerspitzen hinein, bis dahin, wie das wirkt in das konzentrierte, sagen wir mal Wahrnehmen und Denken, dann ist eine Übung gemacht worden, in der man diesen Wärmecharakter erlebt. Man erlebt sich auf einmal als von dieser Wärme berührt. Und dann hat man auf einmal auch einen Maßstab dafür: Habe ich jetzt Fieber oder bin ich unterkühlt? Also man kriegt auf einmal ein Gefühl dafür: Wie ist es denn mit meinem Gesundheitszustand? Ja, also das hängt ja alles mit dieser Sache zusammen. Ich kann das selbst ermitteln, ich brauche nicht unbedingt zum Arzt. Es ist natürlich ratsam, zum Arzt zu gehen, wenn ich die Frage nicht lösen kann, aber das ist doch, da fängt die Sache an, und das kann ich also in den einfachsten Sachen üben. Es gibt kaum eine Tätigkeit, nicht wahr, die außerhalb dieser Frage sich vollzieht, zum Beispiel wenn ich Essen koche. Wenn ich Essen koche, erst mal die Frage, soll ich überhaupt kochen, oder wie lange soll es kochen usw., *wie* soll es kochen. Das sind ja alles Prozeduren mit der Wärme. Wir gehen ja um mit der Wärme, wir gehen ja täglich um mit der Wärme, wir sind selbst ein Wärmewesen, wir leben selbst wie eine aufrecht gehende Wärme-Entität, und wenn die gestört ist, wird der Mensch krank, ganz einfach, er wird krank. Das ist also etwas, da kann ich nur immer sagen, ich kann Hinweise geben, Bilder hinstellen, Gedankengänge herausbringen, aber ich kann natürlich auch sagen, wie ich selbst so etwas machen würde. Zum Beispiel jetzt das mit dem Gehen, und da muß man das mal durchexperimentieren und sich auch ganz allgemein in großen Bildern mit der Wärme auseinandersetzen. Wenn ein Haus abbrennt, dann wird man schon merken, was für ein Wärmeprozeß sich vollzieht. Und man kann sich ja auch mal mit Wärme und Kälte auseinandersetzen, wenn einem das, sagen wir einmal so in seiner großen Bedeutung nicht klar ist, man kann das ja bei der Kochplatte probieren. Man kann ja mal auch beobachten, eine Kerze beobachten, oder man kann mal ein Streichholz anzünden und kann sehen, was alles für Prozesse sich da vollziehen und wie da hinten das schwarze Ende übrigbleibt. Und kann sagen: Was ist denn nun das schwarze Ende, das übriggeblieben ist? Ist das nun schon alles, daß das schwarz ist? Was ist da jetzt, das schwarze Ende, was ist das? Dann kann man ja sagen: Ja, ich hab' auf der Schule mal was von Kohlenstoff gehört. Meistens ist das ja schon wieder hinten durchgefallen, weil die Lehrer einem ja die Bedeutung dieses Kohlenstoffes vielleicht gar nicht beigebracht haben. Also, man muß sich etwas genauer für das Inventar interessieren, mit dem man lebt, sich etwas genauer für das Inventar interessieren, in dem man lebt. Das ist ein Hinweis, den ich geben kann, und das ist ein Hinweis, womit ich auch sagen kann, wie ich das gemacht habe. Ich habe mich intensiv für die Stoffe in meiner Umgebung interessiert, aber natürlich in allen möglichen Zuständen, im Zustand des Todes, der Leiche, im Zustand des Lebens. Ich habe mich sehr viel mit Pflanzen auseinandergesetzt und ihrem Leben in den verschiedenen Formen. Damit, wo eine Pflanze an einem Ort bleibt, mit ihrer Mittelachse oder ihrer Aufrichtefunktion, wie die Pflanze steht, sich orientiert, oder damit, wo das Lebewesen wegläuft, das Tier, oder damit, wo das Lebewesen ein Mensch ist, dafür habe ich mich einfach interessiert. Da könnte man sicher tausendfach immer wieder darüber reden, welche verschiedenartigen Möglichkeiten, sagen wir mal das alltägliche Leben dem Menschen bereitstellt, das alles muß man in sich bewirken.

Ein wirkliches Erleben: dem Leben einen Sinn zu geben, ganz einfach zu merken, wie wichtig das Leben ist, das man lebt, und nicht darüber hinwegzukommen, daß das Leben vielleicht traurig ist und daß das Leben vielleicht auch eine Last ist und nicht viel bringt; diese ganzen Niedergeschlagenheiten, die ja den Menschen sehr oft anfallen, das, sagen wir einmal wegzutun, sich selbst wegzuschaffen, indem man aus sich etwas Neues macht. Und indem man aus sich etwas Neues macht, natürlich auch mit den anderen Menschen etwas Neues macht. Wenn man das nur mit sich macht, dann geht das natürlich auch nicht, dann wird man nur sehen, daß das kein Wärmeprozeß ist, wird nur sehen, daß, wenn man mit sich etwas bewirkt, das nur zu einem Wärmeprozeß wird, indem man das den anderen mitteilt, von anderen Menschen, sagen wir mal die entsprechende andere Produktion hört. Das braucht nicht unbedingt eine Wärmeproduktion zu sein, gerade nicht, sondern man muß den anderen vollkommen frei aussprechen lassen, wie der, sagen wir mal etwas herausproduziert. Das kann eiskalt sein, und das muß ich selbstverständlich ergreifen. Da kann ich nicht sagen, weil du also ein eiskalter Vogel bist und ich, nicht wahr, das anders sehe, deswegen bist du für mich nicht da, und eine Trennungslinie ziehen. Gerade nicht; damit muß ich mich mitten hineinbegeben, denn dann gibt es erst ein perfektes Problem über die Wärme, dann überhaupt beginnt es erst interessant zu werden. Das andere sind nur Vorbereitungen. Da ist das Feld der sozialen Skulptur als einer neuen Maschine, könnte man sagen, als einem Energieträger.

Es ist natürlich sowieso schwer, ein solches Gespräch zu führen, wo man nicht vor sich hat, was ein Mensch schon alles versucht hat. Wenn man zum Beispiel Lehrer in einer Schule ist, dann lernt man, dann finden solche Gespräche mit Menschen statt, die haben etwas unternommen und die haben etwas dahingeschrieben oder hingemalt oder aufgerichtet aus Ton oder was weiß ich. Und dann hat man etwas vor sich, das steht da, und dann kommt man ja viel genauer auf Punkte, die man besprechen kann. Die Frage so ohne etwas schon Vorgelegtes, ohne schon etwas Selbstgemachtes zu beantworten, kann nie ganz überzeugend sein. Da sieht man auch, wie wichtig es ist, Fehler zu machen, das heißt, dieses ganze Gespräch ist ohne Fehler nicht denkbar; und dieses Gespräch ist immer dann interessant, wenn man an sich selbst den Fehler entdeckt und versucht, ihn zu verbessern, oder wenn man sich gemeinsam bemüht, also etwa bei einem Studenten, bei einem Schüler, dem Fehler nachzuspüren, oder etwas, sagen wir einmal noch fehlt usw. oder auch natürlich, wo der Schüler etwas sehr viel besser weiß als der Lehrer (lacht), das ist ja auch möglich. Nein, aber sie unternehmen Dinge, die sich niederschlagen.
Menschen können sich ja nur ausdrücken durch Abdruckformen in Materiebedingungen. Das ist natürlich auch in der Sprache schon da. Aber wenn dieses Modell, es braucht gar nicht groß sein – wir haben ja heute alles viel zu groß –, wenn da der Abdruckcharakter da ist, kann man besser sehen, woher der gekommen ist und ob die Konstellation schon, sagen wir mal die optimale ist, und darüber kann man permanent diskutieren. Und nur das ist Kultur, alles andere ist keine. Alles andere ist keine Kultur. Da wird nur etwas behauptet, und da wird etwas verideologisiert, da wird etwas inthronisiert, und da hat man natürlich auch das Interesse, es wieder zu entthronen, weil es nicht mehr modern ist. Alle fünf Jahre muß ein Neuer auf den Thron, und alle fünf Jahre muß er auch wieder verschwinden. Das ist der moderne Kulturbetrieb, den man im Feuilleton nachlesen kann, und das ist ja gerade keine Kultur.

Also mich interessiert, wie das nun geht – ich kann mir das vorstellen, ich kann dem innerlich sehr gut nachgehen –, daß man sozusagen in eine permanente Übung kommt, eben das Leben entautomatisiert, das einfach macht, richtig tut, was man sonst nur gewohnheitsmäßig macht, so daß das selbst schon etwas ist, was dann auch fortwährend diesen Übungscharakter bekommt, was dann auch das Leben ungeheuer bereichert, jetzt nicht nur im Selbstgenuß, sondern einfach weil man etwas anderes überhaupt neben sich selbst erlebt. Jetzt ist für mich wirklich die Frage, wie schlägt das um in die Gestalt?
Beuys: Also, wir leben ja alle noch in einer Kultur, die so sagt: Da sind Künstler und da sind Nichtkünstler. Das wird dann unmenschlich, dadurch gibt es den Begriff der Entfremdung zwischen den Menschen. Nein, jeder Mensch vollzieht permanent materielle Prozesse. Er stellt immerfort Zusammenhänge her. Auch wenn er gibt, wenn er einem anderen Menschen ausweicht oder wie er sich im Gedränge verhält, es gibt immer, sagen wir mal Formprozesse. Tänzer machen ja auch nichts anderes, als sich bewegen, auf ihren Füßen. Und Menschen im Straßenverkehr sind imgrunde auch Tänzer. Also, in dem Augenblick, wo das bewußt wird, ist man mit diesem Problem befaßt. Ich will davon weg, wie die Gestaltungsfrage auf die Künstler geworfen wird oder auf die Kunst so im traditionellen Sinn. Ich möchte das dahin bringen, daß die Menschen sich selbst erleben, als mit dieser Frage befaßt, kontinu-

ierlich, und daß sie dann, indem sie dauernd diese materiellen Prozesse herstellen, imgrunde auch erleben, daß die soziale Skulptur eine Notwendigkeit ist, und auch erleben, daß es notwendig ist, Dinge wahrzunehmen, die man normalerweise nicht wahrnimmt. Also, die soziale Skulptur oder der soziale Organismus ist kein Ding, das man wahrnehmen kann, leider nicht oder Gott sei Dank nicht. Denn könnte man es, würden die Menschen vor Schrecken tot umfallen. Denn dieser Sozialorganismus ist so sehr erkrankt, daß es allerhöchste Zeit wird, Radikalkuren an ihm vorzunehmen, sonst geht die Menschheit zugrunde. Und dieser soziale Organismus existiert wie ein Lebewesen im Zustand höchster Erkrankung. Man kann sich so in diesen Tätigkeiten, wenn man sie bewußt ausbildet, schulen, daß man es wahrnimmt, daß man die Erkrankung des sozialen Organismus als ein Lebewesen wahrnimmt und seine plastischen Bewegungen wahrnimmt, das heißt wieder Gestaltetes, also die gegenwärtige Gestalt des sozialen Organismus mit dem Urbild vergleichen kann. Das ist ein skulpturaler Begriff, den kriegt man erst, indem man das alles übt. Man nimmt dann also skulpturale Dinge wahr, die nicht wahrnehmbar sind mit einem gewöhnlichen Wahrnehmungsapparat. Deswegen fällt es ja auch den Menschen so schwer, Kriterien hintereinander abzugeben oder auszusprechen oder in Diagrammform zu bringen oder sogar Statistiken darüber zu machen, die sich beziehen auf: Wie soll denn die menschliche Gesellschaft gestaltet sein? Weil sie keine Imagination haben vom Urbild, also vom Zustand der Gesundheit eines sozialen Organismus auf dem Zeitband der Entwicklung; denn wie er heute sein muß, muß er anders sein als vor tausend Jahren. Und diesen ganzen im höchsten Grade dynamischen Zusammenhang, den kriegen die Menschen oft schwer hin, und deswegen können sie keine Kriterien, sagen wir mal wahrnehmen für die Notwendigkeit von Einrichtungen, von Maßnahmen, die ergriffen werden müssen, damit dieser Gesundheitszustand erreicht wird. Das wäre ja erst Ökologie, wenn man diese ökologische Frage an der Wurzel fassen würde. Selbstverständlich sind auch die umweltschützlerischen Maßnahmen sehr wichtig und bedeutend, aber oftmals hören die Menschen an einer bestimmten Stelle auf und sagen, das interessiert mich nicht, mich interessiert nur die lebende Pflanze. Eigentlich sagen sie damit, die Pflanze ist mir wichtiger als der Mensch, und sie trennen dadurch natürlich etwas ab. Die Ökologie geht weiter, die Ökologie reicht weiter und bezieht sich auf die Lebensfähigkeit des sozialen Organismus, weil der ein Lebewesen ist, das man mit den normalen Sinnesorganen heute ungeübt nicht wahrnimmt. Bei Übung an Substantiellem und an Substanzvorgängen, an skulpturalen Logiken möchte man fast sagen, nimmt man das wahr. Auf einmal hat man es vor sich und weiß, was man zu tun hat. Und dann hat auch der Begriff der sozialen Plastik auf einmal eine Funktion und ist sinnenfällig, ist dann gar nicht mehr unsichtbar. Man kann dann wahrnehmen, ob so etwas an einem Arbeitsplatz vorhanden ist oder nicht vorhanden ist oder klein angefangen worden ist oder schon sich größer entwickelt hat; und das ist ein Wärmeorganismus, auch ein Wärmeorganismus, das heißt eine evolutionäre Kraft.

Wenn ich sie jetzt richtig verstanden habe, wenn ich das jetzt im Ganzen an mir vorbeiziehen lasse, dann habe ich so den Eindruck, als ob diese Therapie, von der sie vorhin sprachen, eigentlich dahin geht zur, ja ich will nicht sagen Wahrnehmung von Urbildern, aber vielleicht zur Hinführung zur Wahrnehmung von Urbil-

4 Klinkersteine der Wand

dern und daß man eigentlich wieder zurückkommt an die Stelle, wo man diesen geistigen, spirituellen Hintergrund von diesen Dingen wahrnehmen kann, wo er erfahrbar wird.

Beuys: Ja, erfahrbar wird, indem man der Sache nachgeht; zum Beispiel wenn man sich hierin hineinversetzt, in das, was dieser Stein erlebt oder fühlen muß, der hier in der Wand sitzt, woraus er sich gebildet hat und entstanden ist und welche Funktion er jetzt übernimmt. Da kann ich mich sehr lange damit befassen. Da kann man fragen, ja was ist das denn alles hier dazwischen, da ist was anderes und da ist was anderes. Das ist aber doch vielleicht eine Überforderung für Menschen, die in ganz anderen Lebensbereichen leben müssen und ihr tägliches Pensum haben, aber für den Menschen, der sich Künstler nennt, meines Erachtens unerläßlich. Aber da ich nicht von der Sache her sagen kann, daß nur einige wenige Künstler sind, kann ich nur sagen, es ist eine allgemeine Notwendigkeit für den Menschen, es so zu lernen, zu üben usw., wenn sie es nicht schon gelernt haben, und sie haben es ja nicht gelernt. Wir haben ja kein Schulsystem, das es den Menschen von Kind auf an beibringt. Die Kinder wußten es ja alle schon einmal sehr gut, aber es ist ihnen ja durch die Lehrer wieder ausgetrieben worden. Das hier mit dem Stein wußten die Kinder alle schon mal sehr gut. Und dann ist es ihnen systematisch wieder, sagen wir mal verlorengegangen. Ja, so ist das. Wenn die Menschen auf die Welt kommen, wissen sie das alles schon, weil sie das schon erfahren haben, und dann wird es ihnen kaputtgemacht. Also der Lehrer braucht imgrunde nur leichte Hinweise zu geben auf dieses Problem, weil die Kinder das alles schon wissen. Ja und dann, dann muß man das unterstützen. Da das aber nicht unterstützt wird, sondern etwas anderes unterstützt wird, gehen also diese Dinge verloren, nachher auch die Wahrnehmungen für Zusammenhänge, schließlich wird die Wahrnehmung der Zusammenhänge im Ganzen zerstört. Also diese Gefahren, die alle da sind, die bereits ihre furchtbaren Schäden angerichtet haben, denen muß man etwas entgegensetzen. Das kann man als den politischen Acker bezeichnen – wie gesagt, der Begriff stimmt nicht. Es ist eine Gestaltungsaufgabe im Ganzen.

Innerhalb dieser Gestaltungsaufgabe, da wäre eigentlich jeder Mensch ein Wiederschöpfer seiner selbst oder ein Wiederschöpfer seiner Umgebung, was weiß ich, wie man das noch ausweiten soll.

Beuys: Ja, seiner selbst und seiner Umgebung, das ist schon richtig. Ich glaube schon, daß das nicht einfacher und richtiger ausgedrückt werden kann. Ja, überhaupt drückt ›er ist der Schöpfer seiner selbst und seiner Umgebung‹ ja aus: Er ist der Schöpfer der Welt. Es ist nicht anmaßend, denn das wird vom Menschen schon verlangt. Es hat Zeiten gegeben, da ist dem Menschen sehr vieles gegeben worden, durch Führerfiguren und durch spirituelle Vermittler, und da wurden Kollektivstile verbindlich, und es gab natürlich auch damit zusammenhängende Vorschriften und Regeln, die streng befolgt werden mußten. Das hatte alles mal einen Sinn. Dadurch, daß der Mensch sich davon emanzipiert hat, kriegt er diesen Kredit nicht mehr, da er es aus eigenen Kräften leisten kann, da er sich im Laufe der Entwicklung diese Kräfte eigentlich erworben hat; und er kann es, infolgedessen muß es auch von ihm gefordert werden. Also er kann es, prinzipiell kann er es. Es gibt sehr viel Elend in der Welt, weil diese Sache, wie soll man sagen, so sehr gestört und überlagert worden ist durch negative Kräfte und auch durch böswollende Kräfte, aber grundsätzlich kann der Mensch das, indem er, sagen wir mal sich der Sache zuwendet, die vor ihm ist, und nicht mit Vorurteilen kommt oder mit dem, was ihm alles so eingeredet wird oder was die Propaganda aus dem Menschen macht.

Ja, ich weiß nicht, ob ich da zu weit gegangen bin. Du bist ja Priester, du mußt ja wissen, wenn ich jetzt zu fremd werde (lacht).

Vielleicht können wir mal noch ein bißchen charakterisieren den Unterschied in den verschiedenen Tätigkeiten der Übungen, von denen du sprichst. Auch wenn man das, was du selber gemacht hast, anschaut, dann hast du auf der einen Seite auf dem Weg, den du gegangen bist, dich über diesen Weg durch Zeichnungen mit dir selber ins klare gebracht. Also, ich würde jetzt mal die Zeichnungen anschauen als ein ständiges Fragen: Wie weit fasse ich Zusammenhänge? Wie weit wird mir, anders gesprochen, die Wärmeplastik konkret? Dann bist du ja aus diesem Zeichnenden langsam übergegangen in eine andere Tätigkeit, indem du mehr im Skulpturalen gestaltet hast, aber weniger noch im Aktionssinne, sondern doch mehr in einem objekthaften Sinne, und das hat sich dann mehr und mehr dahin verschoben, daß du dann das Machen selber dargestellt hast oder mit anderen zusammen gemacht hast und nicht alleine, bis dahin, daß gerade in den letzten Jahren deine Tätigkeit doch sehr stark auch darin besteht – so wie jetzt hier –, Dinge im Gespräch zu bewegen, in der Auseinandersetzung, in Frage und Antwort, auch als eine konsequente Art dieser Suche nach der Wärmeplastik. Und da man ja, glaube ich doch, alle Dinge, die da bei dir nacheinander zu beobachten sind, auch gleichzeitig tun könnte, könnten sowohl das Zeichnen wie das Objektbilden und das Environment oder Durchführen von Aktionen oder eben Gesprächführen verschiedene For-

men des Umgangs mit diesem Weg, auf dieser Suche darstellen. Und vielleicht könnte man das noch ein bißchen auch für das eigene Tun charakterisieren, in welcher Verschiedenheit diese Arten der Auseinandersetzung bestehen. Denn wenn wir das Gespräch hier führen, dann ja doch auch unter dem Gesichtspunkt, wie man eben selber in seinem Gehen, in seinem Suchen, in seinem Finden konkreter werden kann, das heißt, wo sich einem selber Anregungen ergeben können, eben mal mit dem Stift zu arbeiten oder mal die Substanzen, die man findet, in Beziehung zueinander zu setzen oder eben beides nicht, sondern ein Gespräch zu führen. Das ist doch jeweils ein andersartiger Umgang mit den Erscheinungen und mit den Zusammenhängen. Also vielleicht auch zu ihrer Frage, wie man so etwas konkret machen kann.

Beuys: Ja, ich meine, es gibt ja nichts Elementareres als die Zeichnung. Ich meine, wenn ich einem Menschen da den Weg zeige und zeichne ihm das auf ein Papier auf, wie die Straßen laufen, dann zeichne ich ja. Zeichnen ist eigentlich, nicht wahr, nichts anderes als eine Planung, man versinnbildlicht etwas oder einen Raumzusammenhang oder einfach Größenverhältnisse. Und ich glaube, man sollte sich daran erinnern, daß man wahrscheinlich schon sehr, sehr viel gezeichnet hat in seinem Leben. Und wenn man's nicht aus Eigeninitiative gemacht hat, dann ist man ja dazu veranlaßt worden, zum Beispiel in der Schule geometrische Figuren zu zeichnen. Das soll man ja viel, viel unbefangener nehmen, man soll ja nie sagen, da ist einer, der kann zeichnen, und ich kann nicht zeichnen. Das gibt es ja gar nicht. Jeder Mensch kann zeichnen; so lange er Hände hat, nicht wahr, kann er natürlich zeichnen. Und selbst wenn er keine hat, kann er mit dem Fuß auch zeichnen. Und was dann aus diesem Bewußtsein heraus entsteht, als Übung oder was, da ergibt sich selbstverständlich etwas, und zwar sicher etwas Verschiedenartiges. Also Zeichnen ist etwas sehr Elementares, was jeder Mensch kann, wo vielleicht Unterschiede sind im Was. Aber man braucht ja nicht unbedingt zu zeichnen, man kann ja etwas anderes machen. Das ist ja natürlich auch eine Einseitigkeit, wenn man jetzt denkt, jeder Mensch müßte so eine künstlerische Biographie durchmachen, wo einer jetzt erst gezeichnet, dann Skulpturen oder Objekte, dann Aktionen gemacht hat. Er kann sich doch, nicht wahr, als Arzt mit seinen Substanzen und seiner Medizin, mit dem, was er da gelehrt bekommt auf der Universität, mal in einer anderen Art und Weise auseinandersetzen, unter Umständen taucht da auch die Zeichnung auf. Aber es wäre natürlich auch eine Einseitigkeit, wenn man nun sagen würde, jeder Mensch muß zeichnen, um kreativ zu sein.

Ich weiß jetzt nicht, wo wir hinmarschieren. Wir kommen da jetzt etwas, sagen wir mal vom Kurs ab. Da sieht man, wie fatal die Kunst ist, sie steht einem immer selber im Weg. Also, jetzt kommt auf einmal der Gedanke auf, ja, Zeichnen ist sicher sehr wichtig und elementar, und jeder Mensch kann irgendwie zeichnen. Er kann das schulen, er kann das auch bleiben lassen. Aber es ist nicht unbedingt nötig, es muß sich ergeben in seinem Nachdenken und seinem Nachempfinden über die Sache, ob gerade das wichtig ist für ihn. Ich kann aber nicht sagen, der Weg ist so, daß einer zeichnen muß. Das liegt daran, daß ich nun mal gezeichnet habe und durch die Zeichnung versucht habe, eine Diskussion in Gang zu bringen und natürlich auch Zeichnungen zu machen, die ihr Eigenleben haben, die einfach so als Konstellation leben. Ich wollte ja das Leben auf dem Papier selbstverständlich erzeugen, das wollte ich, dieses eigenartige Leben eines Kunstwerks, das ja nicht real lebt, physiologisch lebt, und auch nicht ganz geistig wirksam, wie wir das vorhin bei dem Olivenblatt geschildert haben, diese Art des Lebendigen hat, das wollte ich natürlich. Aber ich habe doch auch versucht auszudrücken, daß das übertragen in allen möglichen anderen Tätigkeitsfeldern der Arbeit in ähnlicher Weise vollzogen werden kann, und es braucht nicht unbedingt damit eine Zeichnung verbunden zu sein, nicht unbedingt.

Wäre das nicht schon ein Vorurteil, wenn man schon so eine Reihe aufstellt: erst Zeichnen, dann Objekte. Man müßte weiter vorne anfangen.
Beuys: Ja, ja, wir haben ja vorne angefangen, beim Denken, bei dieser Schwellensituation. Wir haben vom Sprechen gesprochen, Schreiben zum Beispiel ist auch Zeichnen. Wenn man also nur ein bißchen schaut, was die Hand da macht, diese komischen Figuren, dann ist das auch Zeichnen. Deswegen sage ich ja, jeder Mensch ist doch Zeichner, indem er darstellt, jeder Mensch stellt dar, der eine mehr, der andere weniger; das hängt natürlich auch mit der Entscheidung für seinen Beruf zusammen. Aber im bewußten Leben erscheint wahrscheinlich die Zeichnung sowieso. Wenn ich mich etwas bewußter an die Kandare nehme, dann schreibe ich mal gelegentlich einen Satz und dann schau' ich gelegentlich auf meinen Abdruck, den ich hinterlassen habe in der Welt, in diesem Fall auf dem Papier, und dann werde ich mir auch mal Überlegungen machen über groß oder klein, über Proportionen und dergleichen, und dann werde ich schon in diese Sache hineinkommen, aber deswegen brauche ich nicht Zeichner zu werden. Das muß sich in meiner Arbeit ausdrücken. Ich muß also eigentlich ganz andere Maßsysteme erfinden. Auch als Krankenschwester kann man zeichnen, vielleicht kann man alles mögliche notieren, Notationen machen über das, was man im Umgang und in der Pflege mit den kranken Menschen da erfährt, auch als Dimensionales. Ich will mal ganz absehen davon, daß für mich 'ne Krankenschwester unbedingt Porträtzeichnerin werden muß und jeden einzelnen Kranken zeichnen muß; ich meine nur, damit würde sie wahrscheinlich sehr viel mehr von ihrem Beruf haben. Aber das kann man ja nicht einfach fordern, als Rezept für einen zu gehenden Weg. Die Wege können sehr verschieden sein. Ganz abgesehen davon, daß es ja auch sehr viele verschiedenartige Auffassungen von Zeichnung gibt, und es gibt ja sogar die Vorstellung, nicht wahr, von einem Stil der Zeichnung, der unter Umständen gar nicht positiv ist. Also muß man wieder eigentlich eher anknüpfen an etwas bereits schon Intendiertes, daß einer schon mal einen Anfang gemacht hat oder Gott sei Dank schon mal einen Fehler gemacht hat, über den man dann weiter sprechen kann.

Vielleicht könnte man dasselbe, was sie jetzt gerade in den Zeichnungen durchgemacht haben, zum Beispiel als Hausfrau in der Küche genauso gut durchmachen?
Beuys: Ja.

Indem man vielleicht bei den verschiedenen Arten von Gemüse sich Gedanken machen kann, was sie unterscheidet und wie man sie zusammenstellen kann.
Beuys: Ja, ja, das ist richtig, das hab' ich ja versucht auszudrücken. Ja, oder die Küche mal anders einrichten, oder alles rausschmeißen, was wirklich schlecht ist in der Küche, und das, was man rausgeschmissen hat, vielleicht doch noch vernünftig verwerten oder umbauen. Am schlimmsten ist ja, wie die Menschen heutzutage eingerichtet sind in ihren Behausungen.

Wenn man da überall hineinschaut, dann kommt einem das Grausen, das ist ganz schlimm, wie die Menschen heute leben, was sie auch alles sich erwerben und kaufen, was alles so in Tageszeitungen immer drinliegt jeden Morgen, diese Prospekte von den Möbelfirmen. Ja, die müssen ja alle ganz brillant verkaufen, denn sonst könnten sie ja nicht so eine wahnsinnige Propaganda machen. Also diesen ganzen Mist, den schaffen sich die Menschen an, das ist ganz furchtbar; wie die Leute leben, das Wohnen der Menschen ist ja so entscheidend und wichtig. Man bringt doch die größte Zeit seines Lebens zu Haus zu, was da alles ist, das ist ganz schrecklich, das sollte man mal anschauen, darüber sprechen und mal gucken.

Das Problem mit der Richtung hängt doch auch damit zusammen, daß man das ganz Allgemeine aktuell machen kann, da drin leben und so eben merken, daß letztlich kein Bereich da ist, der nicht gestaltet ist und der nicht auch Kunstwert hat. Aber das bringt ja auch keine Entwicklung. Ich meine schon für den einzelnen, aber so insgesamt, was sie vorhin noch angesprochen haben, eben auch mit Zukunft, Freiheit und so.

Beuys: Aber ein bewußtes Hinschauen auf den Vorgang führt doch schon hin auf diese Form. Zum Beispiel in der Küche, was heute in der Küche erscheint, ist vergiftet, das weiß man. Und jetzt muß man sehen, daß man so wenig wie möglich von dem Gift abbekommt. Das ist schon, sagen wir mal eine Auseinandersetzung mit der Zeit im ganzen. Man muß fragen: Wo kommt das her? Das kommt aus dem kapitalistischen System. Wie sind die kapitalistischen Systeme entstanden? Ja, und ist das überhaupt noch ein Begriff von Kreativität, wenn die Produkte für die Menschen, gerade die aus der Natur, also aus der Landwirtschaft, schon so degeneriert sind und so kaputtgemacht sind? Also muß die ganze Sache nicht stimmen, und der Sache muß eine andere Richtung gegeben werden. Das sag ich doch, da fängt es doch an, beim Salatkopf, da fängt es doch an, oder auch hier beim Fußboden. Ich weiß zum Beispiel nicht, warum die die Steine so geschnippelt haben hier, wie die da liegen. Warum eigentlich? Ich sehe, da hat einer kleine Steine, da mal größere Steine, da mal Quadrat und dann so'n Ding. Was soll es? Völliger Unsinn (lacht)! Ich meine, das ist völliger Blödsinn. Oder auf jeden Fall ist es eine vorgefaßte Meinung von irgendwie so Spielerei mit Formen, mißverstandene abstrakte Kunst (lacht). So ist's überall, von jeder Sache aus kann man die Weltdiskussion beginnen. Und da kommt man auf die Stoßrichtung. Da sieht man, daß es von der Wurzel her an einem bestimmten Knotenpunkt falsch ist. Und der Knotenpunkt ist unser Arbeitsbegriff. Der hängt zusammen mit dem Kunstbegriff, der ist nicht mehr durchsetzt mit dem Kunstbegriff, der ist nicht mehr durchsetzt mit den Kreativitätsbegriffen, nicht mehr durchsetzt mit der Selbstverantwortlichkeit, weil das auch gar nicht möglich ist in einem solchen System, in dem wir leben, da kann es, wenn einer wollte, ja gar nicht zum selbstverantwortlichen Handeln kommen, weil alles sozusagen von oben herunter gemacht wird. Das kann geändert werden, und dafür muß man sich dann doch, sagen wir mal einsetzen, indem ich ein wirkliches ideales Interesse daran entwickle, die Sachen richtigzustellen, die alle so verkommen sind, die alle so chaotisch sind, die alle die Welt kaputtmachen. Also, das hängt schon mit der Frage der Atomkraftwerke zusammen, daß hier diese Steine uns so wichtig sind (lacht). Ja also, so seh' ich das. Da ist irgendein innerer Zusammenhang, eine Gedankenlosigkeit, ein

Verkloppen- und Verkaufen-Wollen, da war bestimmt einer sehr interessiert, hier die Steine zu verkaufen. Aber da sind weniger Gedanken darüber gemacht, ob das nun die richtige Form ist oder ob überhaupt usw., ob das nun die Steine sein müssen, das ist alles so'n Automatismus, der läuft so an: Bauunternehmer bestellen den Steinmann, Fliesenleger bestellen usw. Das kann man ja durchbrechen, und dann kann man ja viel effektiver arbeiten und viel produktiver sein. Die Welt ist ja nicht produktiv mit dem Begriff des Wirtschaftswachstums oder mit all diesen Kapitalbegriffen und allem, was damit zusammenhängt. Nein, der Kunstbegriff muß den degenerierten Kapitalbegriff ersetzen. Kunst ist das eigentlich konkrete Kapital, und das muß bewußt werden. Es ist nicht wahr, Geld, Kapital kann nicht Wirtschaftswert sein, sondern Kapital ist Menschenwürde und Kreativität. Und dementsprechend muß ein Geldbegriff entwickelt werden, der möglich macht, daß Kreativität, das heißt Kunst, Kapital ist. Kunst ist Kapital. Und das ist keine Spinnerei, das ist real vorhanden. Also Kapital ist das, was Kunst ist. Kapital ist die menschliche Fähigkeit und was aus ihr erfließt. Also nur zwei Organe an der Sache oder zwei polare Bezüge: die Kreativität und die Intention des Menschen, woraus ein Produkt kommt, das sind Wirtschaftswerte, alles weitere nicht. Geld ist keiner. Und wir haben einen Kapitalbegriff, da pfuscht ein Wirtschaftswert dazwischen, der alles kaputtmacht, der deshalb die Wirtschaft veranlaßt, an Profit zu denken, an Ausbeutung zu denken usw. Es gibt nur die Fähigkeit des Menschen und das, was aus ihr erfließt. Und das kann in einer dauernden Diskussion zwischen den Menschen immer wieder neu besprochen werden und in eine unendliche Produktivität übergehen, die die Welt aufbaut, umbaut, unter Umständen einen ganz neuen Kosmos aufbaut und eben nicht zerstört. Das ist ja gar kein Wachstum, das nennen die nur Wachstum. Es ist aber der Schrumpfungsprozeß. Weil das äußere Wachstum wie eine Krebsgeschwulst natürlich sich weiterentwickelt, ist der eigentliche Prozeß natürlich der Todesprozeß. Das ist deswegen gar nicht produktiv und ist auch gar kein Wachstum. Das ist auch gar kein Wachstum, das ist nur ein additives Weiterwuchern von irgendwelchen Interessen, die der Mensch nicht mehr in der Hand hat. Aber er kann sie in der Hand behalten. Das hängt von uns ab. Das liegt nicht an den Politikern, man braucht sie nicht zu beschimpfen. Die haben vielleicht nicht immer den besten Willen, aber es sind auch vielleicht welche dabei, die guten Willen haben. Aber man läßt sie ja gewähren, sie werden ja gar nicht korrigiert, sie werden ja gar nicht zum Gespräch veranlaßt. Das heißt, wenn etwas schlecht ist, kann man sich nur selbst die Schuld geben, keinem anderen.

Ein Werk entsteht

Ich hätte mal 'ne Frage, Herr Beuys. Sie sagten vorhin, als sie über das Herstellen von Produkten sprachen, daß sie dann irgendwann feststellen für sich, das ist jetzt so gut, wie ich's machen kann, oder: das stimmt irgendwo, ich weiß jetzt nicht, wie sie's ausgedrückt haben. Könnten sie vielleicht noch beschreiben, wie sie dieses Stimmen, also daß die Kräfteverhältnisse irgendwie in einem bestimmten Verhältnis sind, wie sie das wahrnehmen, da das ja, glaub' ich, nicht so selbstverständlich ist. Ich könnte mir vorstellen, daß viele Leute gerade sagen: Das ist ja überhaupt noch nicht fertig, was sie da gemacht haben, oder das stimmt überhaupt noch nicht oder so. Könnten sie das vielleicht noch ein bißchen näher erklären?

Beuys: Ja, erst einmal muß man da unterscheiden zwischen Sachen, die einen gewissen, wie soll man sagen, einen thematischen Vorwurf haben; zum Beispiel könnte man vielleicht gleich mal über solche Zeichnungen sprechen, wo ja also Akteure darauf sind, Akteure jetzt im weitesten Sinne genommen, entweder aus der Natur oder auch aus der Tierwelt, Pflanzen oder Menschen, oder auch kosmologische Akteure. Da ist die Sache ja insofern nur zu beurteilen, wenn man sagt: Dieses Element fehlt noch. Also ganz einfach, man könnte jetzt sagen: Wenn ich mir vornehme, einen Torso zu machen, dann ist klar, dann braucht der Kopf nicht da zu sein. Wenn ich mir aber den Vorwurf mache, einen Menschen darzustellen, dann muß das Kopfelement natürlich da sein. Bei solchen Arbeiten ist natürlich klar, daß man sich immer überlegen muß: Was fehlt im Sinne des Darzustellenden?

Bei anderen Sachen, wo das Figürliche also, oder die Andeutung des Figürlichen, keine so große Rolle spielt, da muß es oft aus ganz anderen Gesichtspunkten beurteilt werden, also beispielsweise wie auch in der Architektur nach Größen-, Massenbeziehungen, Gewichten, Stofflichkeiten, Proportionen usw. Und das kann man natürlich auch nur wieder anhand eines Objektes plausibel machen, daß, wenn ich einen bestimmten Kubus habe oder eine bestimmte Stapelung habe – ich habe ja auch etwas aus Schichten zusammengesetzt –, daß ich eine bestimmte Vorstellung habe, die auch oftmals während der Arbeit untersucht wird auf dem Papier, bis ich eine entsprechende Höhe erreicht habe, wo ich denke, das liegt jetzt in einem Niveau, auf dem es liegen muß. Aber da gibt es keine objektive, weiter zurückzuführende Grundgröße, wo ich sagen kann, es fehlt ein bestimmtes Organ, sondern das muß aus der Sache selbst, aus der Dynamik der Sache

5 Joseph Beuys, Teil aus »Fond III«, 1969, Kupferplatte auf Filzstapelung, Sammlung Ströher, Darmstadt

selbst beurteilt werden. Und es ist immer eine Entscheidung, denn man weiß, nicht wahr, man kann beispielsweise einen sehr schönen Tisch machen, einen kurzbeinigen Tisch, das kann man sehr schön und ausdrucksvoll machen und als kurzbeinigen Tisch ganz plausibel da hinstellen, weil er dann im Verhältnis zur Platte und zum Zargenkranz gerade kurzbeinig sein muß; während wieder ein anderer Tisch, den man vielleicht eine Woche später macht, gerade hochbeinig sein muß und 'ne schmale Platte haben muß und diese ganzen Sachen aufweisen muß, also eine absolute, wie soll man sagen,

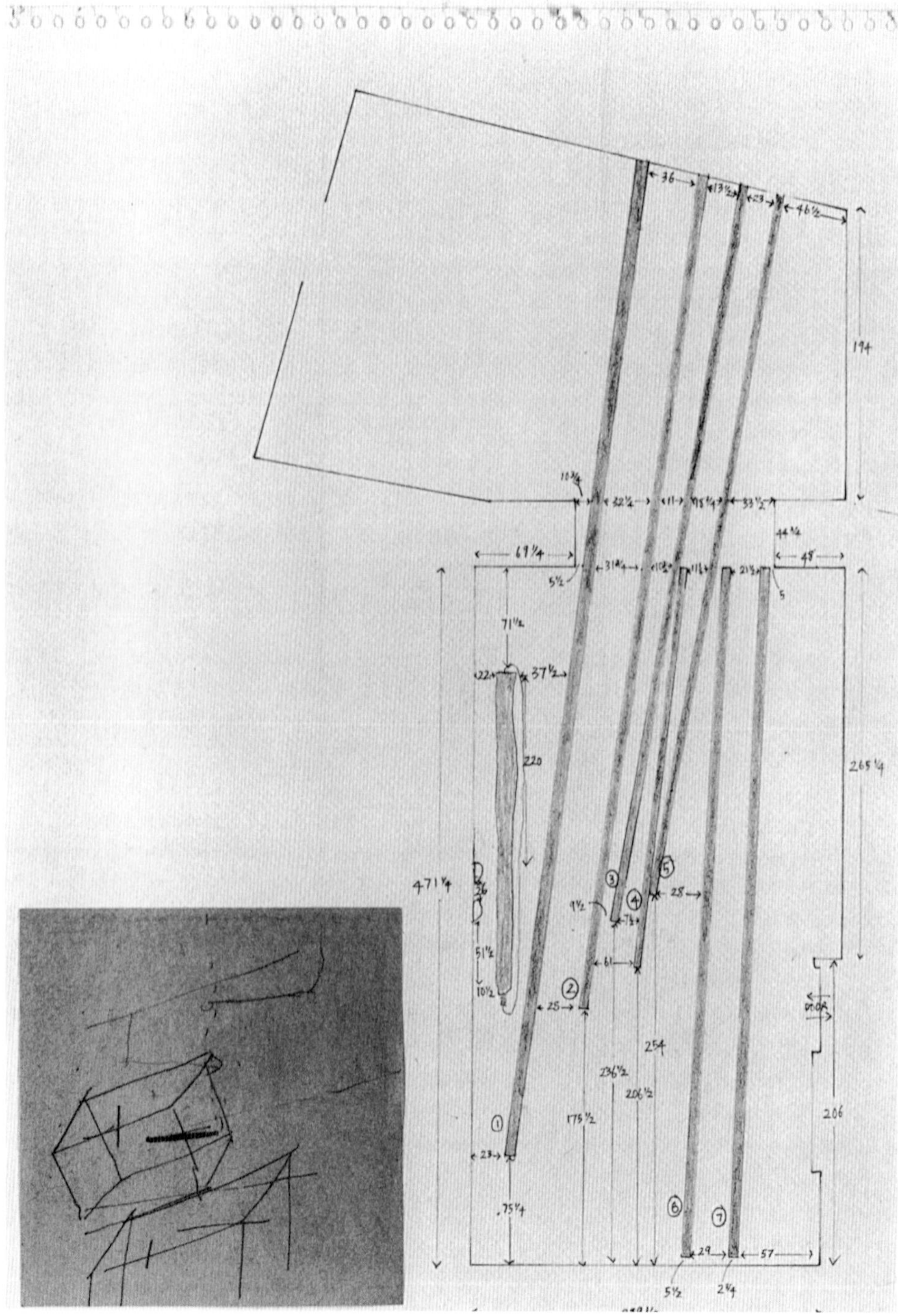

6 Joseph Beuys, »Streifen vom Haus des Schamanen«, 1980: Proportionen

Sicht auf einen Charakter hin, denn es gibt ja zum Beispiel auch kurzbeinige Tiere.
Es gibt kurzbeinige Tiere, und die wären natürlich nicht mehr sie selbst in ihrem Ausdruck als kurzbeinige Tiere – zum Beispiel wäre ein Dachs niemals mehr ein Dachs, wenn er auf einmal Beine hätte wie ein Reh. Also in dieser Weise muß man immer auf einen bestimmten Charakter ausgehen. Und das ist beim Tisch immer, sagen wir mal in der Weise so zu beurteilen, daß man sagen kann: Ein Tisch kann einen besonders guten Ausdruck haben, wenn er kurzbeinig ist und besonders dumme Proportionen hat, dann kann er manchmal ungeheuer ausdrucksvoll sein, weil er einen Charakter vorführt wie ein Tier, das angeblich ziemlich dumme und dumpfe, sagen wir mal Gliedmaßen hat, ja wie beispielsweise ein Dachs. Also ein bestimmtes Bild aus der Möglichkeit der Kräfte herauszuwählen, um es im ganz ungegenständlichen Bereich wirklich werden zu lassen. Da ist ein Maßstab gegeben. Ich weiß nicht, ob das eine Antwort ist auf so eine Frage.
Also, die Kriterien einer Sache, denn darum handelt es sich ja hier, oder Qualitätskriterien einer Sache sind eigentlich auch wieder nur an der Wirklichkeit zu besprechen, indem man da wirklich tausendmal drum herum gehen muß und sich das anschauen und Versuche machen muß; und vor allen Dingen wird es interessant, wenn man eine Sache fertig hat und gemeint hat, so ist es ideal, und auf einmal feststellt, gerade das ist das Allerblödsinnigste, das mir jemals unterlaufen ist. Und dann muß man umbauen, dann muß man also korrigieren, und das ist besonders schwierig. Aber es hat auch den großen Vorteil, daß man jetzt erst etwas herausholen kann, was man überhaupt nicht als eine Möglichkeit angesehen hat, weil sie gar nicht in Sichtweite war. Der Fehler, den man im ersten Ansatz gemacht hat, der kann sich herausstellen als eine unerhörte Gnade in bezug auf eine Sache, die dann auf einmal entsteht, indem man sich jetzt heranbegibt, weil man den Fehler bemerkt hat und etwas umbauen muß. Dann entsteht etwas, was wie ein ganz Neues ist; so hab' ich das jedenfalls sehr oft erlebt. Gerade also an den Fehlern lernt man enorm viel, wenn man jetzt nicht nachläßt und sagt: Ach, es ist mißlungen – und jetzt das nächste Stück. Wenn man dann sagt: Dieser Fehler, den laß' ich nicht einfach bestehen, sondern aus diesem Fehler wird jetzt etwas gemacht, was viel toller ist als das, was in meiner Vorstellung war; das also habe ich sehr oft mit Erfolg gemacht, weil ich mich dann lange mit der Sache befaßt habe.
Das ist sicher noch keine richtige Antwort. Es ist immer schwierig, solche Fragen zu beantworten, also unabhängig vom Vorgang oder vom Material, das jetzt wirklich bewältigt werden muß.

Würden sie jetzt für sich sagen: Das, was ich da hergestellt hab', das ist für mich *jetzt fertig, oder würden sie sagen: Das ist fertig, also das Ding an sich ist fertig?*
Beuys: Ich sage nie: Es ist für *mich* fertig, sondern ich sage, wenn's fertig ist: Der Tisch, der will das so, daß er so ist. Also ich sage nie: Ich erkläre das Ding für fertig, sondern ich warte darauf, bis der Gegenstand sich meldet und sagt: Ich bin fertig (lacht). Ja, das ist auf jeden Fall so. Ich entscheide nie, ob's fertig ist, sondern der Gegenstand muß sich melden und sagen: So, ich bin fertig. Ich versuche, das zu verwirklichen, was die Intention verwirklichen will; also was jetzt da kommt und steht und noch nicht ganz fertig ist, was das Holz oder der Stein will, aus sich heraus, dem spüre ich nach.

Findest du so auch deine Motive für die Zeichnungen?
Beuys: Ja.

... bei den Zeichnungen sind irgendwie immer wiederkehrende Themen, ganz bestimmte Themen,...
Beuys: Ja, oft, ja.

... also auch mit einem ganz bestimmten Aussagewert.
Beuys: Ja, doch, das ist auch bei den Zeichnungen so, aber ich glaube, das ist auch wieder nichts besonderes, denn man kann manchmal eine tolle Sache machen, die ganz hundertprozentig gesichert erscheint und die auch nach allen Gesichtspunkten hin überlegt ist, und man stellt es dann auf einmal hin, wenn es fertig ist, und man hat sich die allergrößte Mühe gegeben, und jetzt stellt man auf einmal fest – was stellt man fest? – ja, man drückt das ja auch so aus: Es spricht nicht. Es spricht einfach nicht. Und dem ist manchmal sehr schwer auf die Spur zu kommen, wieso es kommt, daß eine Sache, mit der man sich so lange beschäftigt hat, auf einmal nicht spricht. Eine Sache muß ja sprechen. Und siehe da, sie spricht nicht (lacht), obschon man sich die größte Mühe gemacht hat und manchmal auch einen ziemlichen Aufwand.
Ich habe zum Beispiel mal ein großes Marmorrelief gemacht. Und da hatte ich wirklich eine gute Meinung davon und habe gedacht, das wird 'ne tolle Sache; und als es fertig war, da hab' ich eigentlich gedacht: So, jetzt ist es fertig, und dann hab' ich's nur an die Wand gestellt und habe festgestellt, es sprach nicht, es war Unsinn, es war nicht drin, es war irgendwie unmöglich, und dann hab' ich's vollkommen umgebaut.
Ja, und dann ist manchmal ja etwas – wiederum hört sich das so an, als wäre es etwas besonderes, gerade das ist es nicht: Zum Beispiel diese Kiste hier, die finde ich gar nicht schlecht. Die spricht für mich sogar. Während der Boden

7 Kiste

überhaupt nicht spricht. Der Boden ist der größte Blödsinn des Jahrhunderts (lacht). Ja, der ist zwar verlegt – hab' ich ja vorhin schon gesagt –, und da sind irgendwelche Stücke aneinandergesetzt in so einem Wechsel; ich weiß nicht, wie die das nennen, römischer Verband oder irgend so einen Namen. Ja, und es spricht nicht. Es ist Unsinn. Und die Kiste spricht für mich. Die Kisten da sind gar nicht so schlecht. Während die Kanne überhaupt nicht spricht. Es ist auch wieder so etwas, wo ich sage, das ist nur so irgend etwas, nicht? Diese Dinge haben ja ihre Eigenwilligkeit, schon allein dadurch,

8 Stuhl

daß man gerade unprätentiös war, aber doch die Grundfunktion gab. Ist einfach eine Kiste, die ist schön zusammengenagelt, hat eine bestimmte Fläche, das ist ganz praktisch; und das hat so seinen eigenen Ausdruck. Ganz und gar. Also, das sind würdige Gegenstände, diese Kisten, während man es sehr schwer hat, sonst noch in der Gegend hier so gute Sachen zu finden wie diese drei Kisten hier (lacht).

Ja, zum Beispiel diese Stühle sind sehr viel schlechter für mich – also für mein Formempfinden man muß dann schon eigentlich wirklich wieder zur Natur gehen, um dann, sagen wir mal ähnliche oder vielleicht noch viel höher entwickelte Qualitäten zu finden. Man kann jetzt sagen: Das liegt an der Primitivität der Sache. Ja gut, laß' ich mich gerne darauf ein. Aber nun weiß man ja, daß, sagen wir mal das unbefangene und, wie soll ich sagen, elementare Umgehen mit solchen Sachen, das man primitiv nennt, oftmals die allergrößte Kultur sein kann. Man weiß ja auch, daß man während der primitiven Epoche, der sogenannten primitiven Epoche, der Frühgeschichte, keine schlechten Gegenstände findet. An Faustkeilen oder an Pfeilspitzen oder an einfachen Angelhaken oder so was, da ist, durchgehend, jede Sache von ganz hoher Qualität. Und das ist eben, das ist natürlich in unserer Zeit nicht mehr drin, das ist alles sehr stark verdorben. Und das hat sehr viel zu tun jetzt mit dem Handwerk. Jetzt nicht Handwerk als raffiniertes Können, mit allen möglichen Maschinen und mit hochentwickelten Sachen umzugehen, sondern Handwerk als Gesinnung, als Geist, daß man auf die Intention eines Brettes noch eingehen kann. Ich meine, das hat auch seine Überzeugung, wenn man sieht, diese Bretter sind nicht umsonst kaputtgehauen worden. Es sind keine, sagen wir mal sehr wertvollen Hölzer, sondern es ist wahrscheinlich Abfallholz, das irgendeiner sonst vielleicht verheizt hätte, wenn nicht ein anderer Mensch sich da noch einen schönen Stuhl oder so einen Sockel oder eine Kiste daraus gemacht hätte. Auch von der, sagen wir mal der Verwendung der Naturstoffe her, hat es so seine Würde. Aber das sind alles so Kriterien. Zum Beispiel an diesem Ding, könnte man jetzt sagen, kann man es ganz gut besprechen. Jetzt könnte einer sagen: Hier muß noch eine Leiste drauf; würde ich sagen: Nee, das ist ja nun gerade Blödsinn, daß hier noch eine Leiste drauf muß. Hier (dreht die Kiste um), da paßt zwar irgen detwas nicht, aber hier ist trotzdem

9 Zwei Kisten

etwas sehr Schönes, weil erstens mal hier eine Spalte zustande kommt, wodurch man irgendwie tatsächlich zu einem Geheimnisvollen ins Innere noch hineingehen kann, und andererseits wäre auch ein Streifchen Brett ja gar keine Substanz mehr. Hier sind noch Einheiten genommen, die man vorgefunden hat; hier war ein breites Brett, da war noch ein schmales Brett. Hier hat man also eine sehr spannungsreiche Proportion zwischen einem kurzen Brett und einem kleinen. Wenn man jetzt hier einen Streifen dransetzen würde, dann wär's ja wie Papier, dann könnte man sagen: Das ist falsch, das brechen wir wieder raus, es hat keinen inneren Halt. Also, daß dieses Brett einfach hier oben mit dem Kopfholz nach oben 'rausguckt und eben gerade nicht perfekt ist, ist ein Grund dafür, daß man es so lassen muß. Das sind alles Kriterien für eine gute Sache. Da ist's wieder anders, das ist einfach oben abgedeckt und steht rechts und links über. Da würde ich aber auch sagen, es wär' Spießerei, wenn jetzt einer kommen würde und sagen: Da links steht's ja viel mehr über als rechts. Ja, würde ich sagen, wenn es nun an beiden Seiten gleich groß ist, dann ist wieder der einfache Impuls, so etwas zu nehmen und zusammenzuklopfen, heraus, und damit ist auch das Leben aus der Sache heraus. Das ist der Grund, warum diese Kiste dahinten schlechter ist, auch weil sie dann noch so übergebeizt ist, das ist auch wieder schlecht, das ist nicht gut mit dem Material umgegangen. Man sieht, wie schön so etwas alt wird und eine schöne Tönung bekommt; während das, es ist schon verelendet worden durch die Beize. Das ist also sehr viel schlechter. Also, das sind graduelle Kriterien einer Sache, die meines Erachtens objektiv sind, wenn man sich damit befaßt. Die lassen sich in ein großes System von Begriffen bringen und als Kriterienkatalog auf Produkte anwenden.

Das geht bis in die allergeistigsten Bezüge hinein, denn hier, diese dunkle Spalte, die ins Dunkle reicht, kann man auch sogar mythologisch sehen, das ist ganz klar. Das ist gar nicht einfach nur so banal, das ist gar nicht banal. Ich meine, man kann sich alle möglichen – das sind jetzt gar keine Assoziationen, sondern das sind – Lebenszusammenhänge denken, die man auch in der Natur findet. Wenn diese Kiste jetzt draußen stehen würde, dann wäre das bestimmt eines Tages, sagen wir mal beispielsweise ein Bienenstock. Hier würden sicher Bienen reingehen – hier, das ist gerade die richtige Größe von Öffnung –, oder andere Tiere würden da drin leben und würden da ein- und ausfliegen. Also da kann etwas atmen. Aber genausogut kann hier natürlich jemand kommen, der dies nicht zuläßt und entschieden verbietet und sagt: Das soll leer bleiben. Das ist dadurch gewährleistet, daß ich da die Platte einfach drübermache, das abschließe und fertig. Sowohl das eine wie das andere Prinzip hat also Gültigkeit, unterliegt Entscheidungen. Entscheiden kommt von ›entschieden‹, also von entschiedenem Handeln und nicht von Wankelmütigkeit. Das eine tun und das andere nicht lassen. Es soll krumm sein und schief sein, aber doch nicht richtig schief. Also, es gibt diese ganze Spießigkeit in allen möglichen Erscheinungsformen der Kunst, auch des Kunsthandwerks und der Architektur und der Gebrauchsgegenstände, die alle so auf ein Mittelmaß herunternivelliert worden sind.

So wie ich jetzt beschrieben habe, anhand dieser beiden Gegenstände, so handle ich auch, beurteile ich auch meine anderen Arbeiten. Das kann man jetzt noch sehr viel weiter betreiben, denn man setzt sich ja davor und arbeitet daran und schaut sich das an, manchmal sehr lange, und stellt das einfach immer wieder fest, auch zum Beispiel Höhenunterschiede; das sind ungefähr dieselben Höhen, aber nicht ganz (stellt die Kisten nebeneinander). Nicht ganz, aber beide Höhen haben etwas ganz und gar Einleuchtendes. Da liegt kein Grund vor, das höher oder niedriger zu machen. Hier ebenfalls nicht.

10 Kiste mit Spalt

Es sei denn, man wollte was Bestimmtes daraufstellen, was eine bestimmte Größe hat, eine bestimmte Absicht damit verfolgen oder man wollte es als Blumenständer nehmen, wäre schön für die Palmen.

Beuys: Blumenständer, das ist eine fürchterliche Erfindung des Bürgertums (lacht). Blumenbänke! Ja, die hab' ich auch erlebt in meiner Kindheit (lacht).

Aber ich meine, wir kommen auf das Problem der Nutzung, also daß man etwas als Stuhl zum Beispiel benutzen muß oder als Tisch.
Beuys: Hier ist nicht die Frage, ob man es als Stuhl benutzen soll, oder ob es als Plastik ins Museum soll, das ist hier gar nicht die Debatte. Hier ist erst mal die Frage nach dem Gegenstand selbst. Wenn jetzt einer da eine Blume draufstellt, dann soll er's doch tun. Oder wenn jetzt nun einer, sagen wir mal hier sich hinsetzt, was sehr schön ist, es sich als Schreibpult nehmen würde, um hier zu notieren, ist ja auch gut, oder aber in die Küche setzen will, um darauf, was weiß ich, Gemüse zu schneiden, ist auch gut. Davon spreche ich nicht, das kann jetzt genommen werden für alle möglichen Dinge, und es ist für jeden Kontext schön und brauchbar und wohltuend, weil hier kein Schwindel betrieben worden ist. Hier ist nur die Wahrheit, hier ist nichts verdeckt, hier ist nur die reine Wahrheit. Und da ist die Sache klar. Wie man sie jetzt im einzelnen verwendet, das ist eine andere, zweite Sache. Man kann sie durchaus als..., ja, von mir aus eine Blume draufstellen. Aber ich glaube nicht, daß es gelingen würde, eine Sache zu machen, um Blumen draufzustellen. Das, glaube ich, wird nie gelingen, wenn sich einer vornimmt, eine Sache zu machen, wo man Blumen draufstellt, dann wird es wohl nicht gelingen.

Warum nicht?
Beuys: Ja, das ist eine interessante Frage. Ich habe das erst einmal so gesagt, und ich glaube, daß ich recht habe (Teilnehmer lachen).
Nein, ich gucke den Tisch ja gar nicht bösartig an (lacht). Ja, das ist der Umgang mit Blumen, also, es kommt wahrscheinlich von den Blumen her, daß das nicht geht. Es ist erst mal sowieso ein Problem mit den Blumen im Raum, und ich glaube, sie würden sich wohl am wohlsten fühlen, wenn man sie wie einen Versuch behandeln würde und weniger einfach mißbrauchen würde nur als Dekoration, also sie da hinstellt, wo der Architekt versagt hat. Ja, so machen's ja die Architekten, wenn irgendetwas falsch ist, dann müssen da Blumen her, und zwar immer diese dekorativen tropischen mit den Löchern da drin (Teilnehmer lachen). Oder die pflegeleichten Pflanzen, die kann man verdursten und verhungern lassen, die können vollstauben, die behaupten sich weiter in jedem vollklimatisierten Büro, also pflegeleichte Pflanzen, die also zum Kunststoff hintendieren oder die der Mensch dahin gebracht hat, daß sie das aushalten, das ist dieser ganze Zusammenhang.

Die werden tatsächlich heute in Büros aus Kunststoff gemacht.
Beuys: Ja, das weiß ich, das auch (lacht). Ich glaube, jetzt hab' ich's. Dieses Aufsockeln von Blumen entspricht nicht dem liebevollen Sich-Befassen mit der Pflanze, sondern wird von einem anderen, einem Dekorationsinteresse her geleitet. Also, es übernimmt die Tapetenfunktion, oder die Pflanze muß in die Möbelfunktion eintreten oder eine Konvention übernehmen, weil man ja Blumen haben muß usw., deswegen ist das nicht richtig. Aber wenn man gerne eine Pflanze in einen Raum hereinnimmt und wirklich pflegt, dann ist ja nichts dagegen einzuwenden, nur wird man ihr dann irgendeine Lebensbedingung verschaffen, die nicht unbedingt den Sockel braucht. Man schafft sich dann irgendetwas heran, worauf man die Pflanze dann so da irgendwo hinstellt und in eine bestimmte Höhe bringt, wo sie das entsprechende Licht hat, auf die Fensterbank oder sonst irgend etwas. Diese Blumenbank und Blumensockelständer, die es ja auch aus Gußeisen gibt, aus der bürgerlichen Zeit, die man auf den Markart-Bildern sieht, die alle solche

merkwürdigen, entweder Dreifüße und so was, und dann oben ist so'n Napf dran, da soll man den Blumentopf reinstellen, die haben an sich was furchtbar Spießiges, sind also unnötige Gegenstände und degradieren an und für sich die Pflanze; das ist jedenfalls so mein Empfindungskontext. Ich wollte nur mal wirklich ganz genau auf solche Kriterien eingehen, mit denen ich arbeite. Das mag jetzt überspitzt klingen, und ich habe, glaub' ich, aber noch nicht einmal ein Vorurteil gegen solche Sachen. Ich würde mich schon überzeugen lassen, wenn ich trotzdem mal einen schönen Blumenständer säh' (lacht). Ich bin da ja nicht dogmatisch, das ist ja auch wieder falsch, dogmatisch soll man ja nicht sein (Teilnehmer lachen). Denn es gibt tatsächlich mal eine Möglichkeit, wo einem etwas gelungen ist und der Blumenständer tatsächlich so eine große Qualität hat, daß damit auf einmal diese Gesichtspunkte außer Kraft gesetzt sind. Das kann ich mir durchaus vorstellen. Also, je länger ich darüber spreche, interessiert mich fast ein Blumenständer (lacht).

Aber jetzt mal ganz abgesehen von der Blume, sie sagten: Die Kiste ist da und die kann man jetzt für alles nehmen, da kann man Blumen draufstellen, da kann man drauf Kohl schneiden und alles. Es ist ja nun so, daß die Gegenstände da sind, und man kann sie für alles nehmen. Kann man nicht, muß man nicht eigentlich sogar einen Gegenstand für etwas ganz Bestimmtes machen? Es kann ja auch was anderes als ein Blumenständer sein, ein Schrank zum Beispiel oder ein Tisch, der muß ja eine ganz bestimmte Funktion erfüllen.
Beuys: Ja, das ist scheinbar richtig und trotzdem falsch...

Meinen sie nur jetzt speziell wegen der Blumen oder ganz allgemein?
Beuys: Nein, das ist ja ein Tisch, das ist ja auch ein Tisch. Es ist nur ein sehr kleiner Tisch, aber zum Beispiel für eine kleine Hütte, wo zwei Personen drin sind, reicht er auf jeden Fall aus, um zusammen eine Tasse Tee da drauf zu trinken. Nein, die erste Anforderung an den Tisch ist selbstverständlich, daß man eine Fläche hat in einer bestimmten Arbeitshöhe oder Sitzhöhe, mehr ist da nicht vorgegeben. Und dann ist die allernächste wichtige Frage, daß der Tisch ein wirklicher Tisch ist, denn es gibt natürlich heute – sie brauchen nur in ein Möbelgeschäft zu gehen – eine Fülle von Tausenden und Millionen, könnte man sagen, von Platten, die auf eine Arbeitshöhe eingerichtet sind, aus Glas und mit Messingfüßen und Marmorplatten, mit allen möglichen Tricks, damit man das Bein an der Marmorplatte festkriegt (Teilnehmer lachen), oder nur mit einem Bein und auch wieder getrickst von innen, damit da also das möglichst schnieke aussieht, als wenn die Marmorplatte frei im Raum schweben würde, und alle solche Sachen, die gibt es; und trotzdem wird man wohl keinen einzigen finden, der sich rechtfertigen läßt von irgendeinem architektonischen oder skulpturalen Gedanken, geschweige denn von der Notwendigkeit solcher Dekorationsobjekte. Das ist alles Schwindel. Ich wollte sagen: Die nächste Anforderung an den Tisch, wenn man so gesagt hat: Wir brauchen hier einen Tisch, wir sind soundso viel Personen, der muß groß genug sein für eine Familie mit drei Kindern, also fünf zusammen, dann muß die Proportion stimmen, das heißt die Maße, der Rhythmus, die Größen, die Massen müssen stimmen, und dort ist genau dieselbe Anforderung gestellt wie an einen griechischen Tempel. Der muß genau so gut sein wie der Tempel von Paestum letztendlich oder auch ein anderes Bauwerk. Es sind die allerhöchsten Anforderungen an den Tisch gestellt, wenn der Tisch zu-

friedengestellt werden soll als Tisch, denn man muß auf den Tisch doch so eingehen, als wär er ein lebendes Ding. Wenn der, sagen wir mal nicht gut ist, dann ist der wie ein krankes Tier, das sein ganzes Leben lang leidet unter sich. So muß man an die Sache 'rangehn. Er muß also in eine Form gebracht werden, daß das Material und die Formen wirklich mit sich einig sind und zufrieden sind und überleben wollen, und deswegen auch, wie gesagt, eine gewisse Zeitlosigkeit in der Richtigkeit haben, auch wenn eines Tages die Menschheit vielleicht ganz andere Sorten von Tischen entwickelt. Der Tisch muß einen gewissen Ewigkeitswert haben, er muß aus sich das Bedürfnis haben, weiterleben zu wollen und überall wirklich diese Tischhaftigkeit zu verbreiten, weil er wirklich mit sich zufrieden und gesund ist und also ein interessantes Tier ist, ein interessantes Gebilde ist.
So also gehe ich an die Sachen heran, nur um mal ein Beispiel zu nehmen. Deswegen können wir froh sein, daß wir hier die beiden Kisten haben. Da kann man jetzt tatsächlich sehr lange weitersprechen an solchen Sachen.

Ich würde das gerne auch versuchen, und zwar find' ich's interessant, daß sie sagen, daß dieser Hocker da oder diese Kiste zu ihnen spricht, während dieser Boden, wie sie sagten, eben nicht zu ihnen spricht. Mir geht das eigentlich ähnlich, und ich frage mich: Woran liegt das jetzt, daß das nicht zu mir spricht oder wenig, während das zu mir spricht? Und da denke ich, diese fertigen Dinge, dieses Akkurate, das zwingt mich eigentlich zu einer bestimmten Verhaltensweise, nicht nur dieses hier, sondern auch ein bestimmtes Fenster oder eine bestimmte Architektur, die sehr festgelegt ist, sehr gerade ist, sehr vom Gedanklichen ausgegangen ist, das zwingt mich dazu, mich so zu leben oder mich sonstwie zu verhalten.
Beuys: Ja, richtig, genau, das heißt, das lebt

11 Fußboden in der Vorhalle der Bochumer Kirche aus Alta-Quarzit

12 Beuys' Wohn- und Arbeitsraum am Drakeplatz in Düsseldorf. An der Stelle, wo damals der Ofen stand, fügte er später Kupferblech ein. ▶

(deutet auf die Kisten), und das andere ist tot (deutet auf den Fußboden), es drängt sich auch auf, das drängt sich nicht auf, das drängt sich dauernd auf. Im Unterbewußtsein guckt man doch auf diese Dinger, auf diese Steine. Man kann hier noch so viel herumlaufen und sagen, das guckt man nicht an, aber man wird tatsächlich immer beeinflußt von diesem sinnlosen Zeug da unten auf dem Boden. Das ist wirklich wahr. Und das ist ja auch ein Merkmal von großer Kunst, daß die sich überhaupt nicht aufdrängt, sondern vollkommen eingeht, in den Zusammenhang eingeht, fast verschwindet in der Natur. Ein griechischer Tempel, der sagt imgrunde, daß der Olivenbaum, der danebensteht, noch viel schöner ist als er, und der Olivenbaum umgekehrt sagt, daß der Tempel noch schöner ist als er. Das ist ein und dieselbe Sache, die geht ineinander über. Da ist wirklich eine Einheit da, und das ist bei solchen, wie soll man sagen, routinemäßigen Verkaufsabsichten nicht, denn hier steht nicht die Liebe zur Sache als Kunst im Vordergrund, sondern eine Routine im geschäftsmäßigen Verhalten. Da wird gesagt, durchtelefoniert: römischer Verband, das Material, jaja, das ist hier so eine Art Glimmerschiefer...

Alta-Quarzit.

Beuys: Quarzit, ja, das wird bestellt, hat der Ar-

13 Beuys' Wohn- und Arbeitsraum am Drakeplatz in Düsseldorf, auf dessen Fußboden Kuhhäute sorgsam zusammengenäht sind. Alle Reststücke sind mitverwendet worden.

chitekt ausgesucht anhand einer Probe, tja, und dann wird das verlegt, und das ist unlebendig, drängt sich auf, ist hart. Jeder wäre doch froh, wenn hier eine gestampfte Lehmdiele wäre; ja ich weiß, die ist natürlich nicht pflegeleicht, aber (lacht), aber ich meine, gut, wenn man hier Platten legen will, wenn man in einen solchen Raum Platten legen will, dann muß man sich doch mal den Raum angucken, dann muß man erst mal sagen: Ja, das ist natürlich ein großes Problem, in einen solchen Raum solche großen Platten zu legen, wenn da so eine spitze Sache hineinragt. Da wird natürlich ein solcher Rhythmus, der flächig ist und der in Flächen wie schrittweise sich aneinanderlegt, natürlich ungeheuer eingeschnitten durch diese Sache. Also, wie will man die Sachen verlegen? Ja, wenn hier so eine Sache hineinragt, dann wäre doch das erste, daß ich Bezug nehme auf diese Sache und das nicht ignoriere, denn da steht eine Sache rein. Infolgedessen würde ich die Sache so verlegt haben, also dann hätte ich gesagt: Da gehn wir von aus, da stößt dieser Kristall rein, das ist eine wichtige Sache, da passieren wichtige Dinge, und darauf muß ich Rücksicht nehmen und nicht auf irgend so eine Wand, wo man draußen Fahrräder dran abstellen kann. Also muß man die Sache so entwickeln (demonstriert). Ich hätte also den Rhythmus hier so verlegt und wäre dann nicht in Kollision gekommen mit der Spitze, daß das da einfach komische Reststücke gibt, sondern ich hätt' mir die Sachen so verlegt. Und dann hätt' ich wirklich auch schöne große Platten verlegt, so groß wie möglich, einfache Platten verlegt. Und dann hätt' ich mir – ich mein', das setzt natürlich immer voraus, daß man sich auch die Zeit dafür nimmt –, dann hätt' ich mir die Steine bestellt und nicht eine bestimmte Größe durchtelefoniert. Ich hätte wohl eine Ausgangsgröße durchtelefoniert und gesagt: Ich brauche dies und dies Material, und ich nehme die Größe,

14 Eingangsbereich der Bochumer Kirche

die am allergünstigsten ist, die bei allergrößter Größe noch die Garantie gibt, daß sich der Stein nicht durchhängt, denn auch Stein ist ja elastisch und hängt sich mit der Zeit durch, ist also wie Glas. Wenn ich die Glasplatte anfasse, dann hängt sie in der Mitte durch. Man kann also Steinplatten nicht bis in die Unendlichkeit groß nehmen, oder man müßte sie dann schon wieder so dick nehmen. Also so eine dicke Platte (zeigt mit den Fingern eine Stärke) würde ja ausreichen, dann könnte ich aber in diesem Raum auf jeden Fall auf 1 m mal 1 m oder 1 m mal 1,20 m gegangen sein, und dann hätt' ich gesagt: Sägen sie mir die Platten auf 1 m, 1,20 m, und alle Reststücke, die von der Bruchplatte abfallen, die liefern sie mit an, denn die wollen wir auch noch mit verwerten. Die schmeißen wir nicht weg, sondern die verlegen wir auch. Dann hätt' ich die Reststücke auch noch verlegt und wäre dadurch in einen schönen lebendigen Rhythmus hereingekommen, hätte alles Material, das aus dem Steinbruch kommt, verwertet; wär' doch auch billig gewesen, letztendlich. Und dann hätt' ich einen anständigen Boden gehabt (Teilnehmer lachen). Ja, ich sage jetzt nicht..., ich bin nur gefragt worden, wie ich arbeite, wie ich an so eine Sache herangehe.

Ja, ich finde das gerade gut, daß sie das so direkt an dem machen, was wir hier sehen und was uns umgibt, weil man dadurch vielleicht einen Blick kriegt, um die eigene Umgebung, in der man sonst sitzt, so ein bißchen aufzulösen.
Beuys: Ja, aber wie gesagt, das ist eine Möglichkeit, eine andere ist ganz einfach. Es wäre genauso gut gegangen mit solchen Ziegelsteinen. Ich finde, dieser Bau hat schon für mich den Fehler, daß der Stein zu hart ist. Für den Charakter eines solchen relativ kleinen Baues ist dieser Klinker ein viel zu hartes Material. Da hätt' ich erst mal einen viel weicher gebrannten

15 Klinkerwand der Bochumer Kirche

Scherben genommen, also Ton genommen, der wärmer gewesen wäre und nicht diese Kälte, diese Blaukälte hat von so einem hartgebrannten Klinker, und daraus hätte ich sowohl diese Kirche gebaut als auch hier gleich den Fußboden mit verlegt, denn so ein Ziegelboden ist wunderschön. Es ist ja auch noch ein wichtiges Kriterium für eine Arbeit, daß sie nicht eine zu reiche Materialskala haben darf, daß man nicht einfach alles mögliche anhäufen kann, Kupfer, Blech, Klinker, Naturstein, Holz, Schmiedeeisen, ist alles ein Brimborium (Teilnehmer lachen), ja, ungehobelte Bretter, geölte Bretter und nicht-geölte Bretter, da ist ein Brimborium von Materialskala drin, das kann von vornherein nicht klappen (Teilnehmer lachen). Und der Vorteil ist, daß das hier nicht ist (deutet auf die Kisten). Hier sehen sie keine Materialskala, das sind nur Nägel und Bretter, sonst nichts, nichts dran gemacht, und deswegen ist das eine gute Kirche auch (Teilnehmer lachen). Ja, das könnte auch eine wunderbare Kirche sein, hier ist schon der Lichtschlitz von oben, da kommt der Heilige Geist rein (Teilnehmer lachen), ja, das sind Sachen (lacht)... Ja, ich glaube, hier waren einige Architekten dabei.

Mir drängt sich jetzt was dabei auf...
Beuys: Ja, ich wollte sagen, du bist ja auch Architekt.

Ja. Und zwar gerade das Problem der Industrieform. Wenn wir das jetzt noch mal irgendwie ansprechen könnten. Also die Kanne, die gefällt mir auch nicht, aber wir müssen ja irgendwo damit leben.
Beuys: Richtig, mit Industrieformen.

Ja, zum Beispiel auch, daß es solche Klinker gibt, das liegt auch mit daran, daß wir die einfach in solche Formen schon backen, maschinell. Wenn wir einen Handstrich oder so machen, das ist also viel teurer, aber...
Beuys: Das hab' ich aber nicht gemeint. Ich habe hier nur den zu hart gebrannten Ziegel gemeint.

Ja, das ist mir klar, ich meine nur das Problem der Industrialisierung.
Beuys: Ja, das ist eine zweite Sache, wir sprachen erst mal nicht von der Industrialisierung, sondern vom einfachen Vorgehen beim Bauen, von Skulpturen oder auch von Architekturen erst mal im kleinen Maßstab, dann aber auch sind wir ja schon hier beim ziemlich großen Maßstab, und daher hat ja die industrielle Formgebung nur Einfluß auf das Anliefern der Grundmaterialien. Und das ist ja auch ein industriell gefertigter, nicht ein handgestrichener Ziegel, ist als Ziegel ja auch gar nicht schlecht,

16 Weck-Glas

nur für diese Absicht meines Erachtens falsch gewählt. Ich bin ja gar nicht gegen die Industrieformen. Es gibt zum Beispiel sehr gute Industrieformen, zum Beispiel eine Coca-Cola-Flasche ist sehr schön gegenüber der Kanne, ein schönes Weckglas ist die schönste Blumenvase, die findet man kaum in Blumengeschäften so gut wie ein Weckglas mit der eingeprägten Erdbeere da drauf (Teilnehmer lachen).
Ja, also, da ist ein Relief drauf, das anständig gemacht ist, da steht auch »Weck« drauf, das hat einen anständigen Rand, kann man sogar oben abdecken, hat sogar noch ein Profil, wodurch eine gewisse Abgeschlossenheit da ist, wenn man's nicht ganz abdecken will; das kann man für unendlich viele Zwecke gebrauchen, für chemische Versuche, für biologische Versuche, für Pilzkulturen, da kann man auch Obst drin einwecken, wenn man Zeit hat (lacht), man kann alles mögliche da drin machen, man kann Speise, man kann Salz darin aufbewahren. Heute sind sie schon schlechter, komischerweise, die guten Weckgläser gab's noch vor zwanzig Jahren, jetzt gibt es schon schlechtere. Also, phantastische, gute, einfache, sogenannte anonyme Industrieformen, die sind gut, die anonymen Industrieformen. Die Coca-Cola-Flasche ist eine sehr lang entwikkelte, fast aus dem Jugendstil kommende Figur und hat sich bis heute ganz gut erhalten, bis auf die Familienflaschen, die sind nicht so gut (Teilnehmer und Beuys lachen), und es ist anzunehmen, daß das auch alles schlechter wird. Aber so eine Cola-Flasche hat was sehr Schönes. Die haben ja auch noch das Relief und sind besonders auch schön, wenn sie sehr lange hin und her transportiert worden sind, dann ist das Glas so abgeschlagen und kriegt dadurch so einen fast wie abgeblasenen Charakter, und das Relief kommt dadurch besonders schön raus. Und es hat eine schöne Proportion, fast pflanzenhaft, zieht sich so ein, hat Rippen drin, unten einen schönen Fuß, und die Schrift ist ja auch gut, »Coca-Cola« ist ja toll geschrieben, die alte Schrift, wenn sie noch den alten Schriftzug genommen haben, und dann hat man wirklich eine gute industrielle Formgebung, denn die ist ja möglich. Es ist doch eine gute industrielle Formgebung möglich, und man findet sie ja auch. Man findet ja sehr viel mehr gute industrielle Formgebungen als zum Beispiel durch Architekten hergestellte Häuser und so etwas, die also mehr individuell genommen sind, die gibt's doch, nicht? Findest du das nicht auch? Daß, wenn man sich auf die Suche begibt, man eine wunderbare Ausstellung machen kann von anonymen Formen, die aus der Industrie kommen, seien es nun Garnrollen oder seien es Coca-Cola-Flaschen, Weckgläser oder auch chemische Werkzeuge, die für die Forschung hergestellt werden, vom Erlenmeyerkolben angefangen bis zu den ganzen Röhren, Absperrhähnen usw., das sind alles einwandfreie Formgebungen. Also gerade das..., es geht doch, es wird doch bewiesen, daß es geht, es wird aber nicht durch die Bank gewollt, weil es tatsächlich auch eine Auseinandersetzung mit dem Geist erfordert und nicht nur das einfache Geld-machen-Wollen aus der Sache.

Kann ich dazu noch mal eine Frage stellen? Eine große Wirkung wird ja momentan in puncto Skulpturen und Formen im großen Stil auch von den Automobilfirmen auf die Menschen ausgeübt. Was kann man denn dazu sagen?
Beuys: Das Automobil ist das Lieblingskind der Menschen.

Ja ich mein', es ist ja heute nichts mehr so durchgestaltet wie das Automobil, und da wird ja eine derartige Energie darauf angewendet und wird ja auch in derartigen Stückzahlen vor die Menschen hingestellt, das hat ja eine ungeheure Wirkung, zumindest hab' ich mir das mal so durch den Kopf gehen lassen.

Beuys: Ja sicher, das ist vollkommen klar, da haben sie recht. Das Auto ist natürlich der populärste Gegenstand überhaupt, das ist richtig. Ja, was soll man dazu sagen? Aber daß ich nun unbedingt sagen könnte, daß ich sehr viel schöne Autos sehe jetzt, das kann man auch nicht sagen.

Trotzdem hat es ja doch eine sehr starke Wirkung auf die Leute, es entsteht ja sofort das Bedürfnis: Auch haben. Ist ja sofort irgendwie das da.

Beuys: Ja, es handelt sich also nur darum, daß man eine politische oder eine geistige Idee so populär machen muß wie das Auto (lacht). Ja, das ist ein Tatbestand mit dem Auto, da haben sie recht. Aber von der Formgebung her läßt sich da, glaub' ich, im Augenblick kaum ein Ansatz finden; das wichtigere Problem bei diesem Fortbewegungswerkzeug ist ja sein Schaden für die Umwelt, also praktisch das, was da drin verbraucht wird. Und ich nehme an, es wird sicher diese Entwicklung kommen, daß man nicht mehr die Kohlenwasserstoffe da drin verbrennt, sondern vielleicht reinen Wasserstoff oder Elektrizität. Dann werden die Autos auch wieder eine andere Form haben, vielleicht werden sie dann auch weniger populär. Das hängt, glaub' ich, alles damit zusammen: Diese innere..., wie soll ich sagen, dieses Gierhafte, was das Auto auslöst in der Gegenwart, hängt, glaube ich, zusammen mit dem Explosionscharakter dessen, was da drin geschieht. Also, wir leben ja in einer Zeit der Explosionen. Die ganze Technologie ist explosiv. Ich meine, ganz abgesehen von dem permanenten Krieg, vom Ersten und Zweiten Weltkrieg und der dauernden Weiterrüstung, wahrscheinlich ist die Triebstruktur des Autos mit seinem Explosivcharakter gerade das, was unterschwellig das Ding so populär macht, weil es an gewisse Triebstrukturen appelliert. Ich nehme an, wenn man Autos mit anderen Stoffen betreibt – jetzt kommt man schon wieder auf die Substanzen zu sprechen –, etwa mit einer soft-energy betreibt, wo man vielleicht auch nicht so hohe Spitzengeschwindigkeiten mit herausholt oder wodurch es nun wirklich menschlich und praktisch wird, daß in dem Augenblick, wo es praktisch ist, die Menschen die Faszination an dem Ding verlieren. In dem Augenblick, wo es unpraktisch und geil durch die Gegend saust und viel Schaden anrichtet, das ist, glaub' ich, das Triebhafte, das die Menschen damit verbindet. Ich nehme an, daß das so kommen wird, wenn es nun wirklich funktioniert, das Auto, und keinen Schaden mehr anrichtet und zu einem wirklichen Transportmittel wird, daß dann diese Triebstruktur verlorengeht an dem Auto, das nehm' ich an.

Also deswegen ist das Problem des Autos, glaub' ich, nur von der darin verarbeiteten Ressource her anzugehen, und dann ist die Formgebung wieder das zweite Problem. Denn wie die Formgebung jetzt läuft, läuft sie ganz genau doch auf diesen Charakter hinaus, daß es schnittig sein muß und daß natürlich das Design auch immer gewechselt werden muß wie die Moden, sinnlos, damit der alte Typ möglichst schnell abgelöst wird, und daß immer wieder weiter gekauft wird und auch auf Verschleiß angelegt ist, denn die Materialien sehen zwar schnittig aus, sie sind aber nicht mehr sehr stabil. Sind alles sehr dünne Materialien, sind ziemlich schnell kaputt.

Ich find' nur das Phänomen interessant, daß

man industrielle Formen fertigen kann, von denen man ungefähr vorher weiß, daß sie in großem Stil ankommen werden. Insofern haben diese Formgebungen ja doch auch irgendwie einen Hintergrund.

Beuys: Ja, ja, das ist ja natürlich die Aufgabe der Marktforschung, und da gehört ja die Psychologie mit dazu, und diese Psychologie appelliert immer an Triebe, vollkommen klar. Je mehr sie an Triebe und je weniger sie an Einsicht appelliert, um so erfolgreicher ist sie; das ist richtig.

Da hab' ich noch eine Frage, die noch mal ein bißchen in die Richtung der Form zielt. Wie ist das mit der Substanz? Das kann ich verstehen, wenn ich zum Beispiel Fett angucke in großer Menge, wenn ich das nicht gewöhnt bin, das hat eine gewisse Überwältigung, da wirkt der Stoff sehr stark auf mich; oder wenn ich Steine so angucke, wenn ich mich da rein vertiefe, dann wird das ziemlich massiv, gerade Steine. Jetzt hat mir jemand erzählt, also Herr Beuys hätte eine Honigpumpe auf der Documenta gemacht... Find' ich eine ganz prima Idee. Der hat es mir ziemlich genau geschildert, und das war dann so gut, daß ich gar nicht mehr Lust hatte, mir das anzugucken. Ist bei dieser Honigpumpe die Idee schon so gut, oder muß ich das auch sehen? Wie meinen sie das,

17 Joseph Beuys, ›Bewegungsmaschinen‹ der »Honigpumpe am Arbeitsplatz«, documenta 6, 1977, Friedericianum Kassel

muß mich das überwältigen, oder genügt das, wenn ich da eine gute Idee einfach mir richtig gut vorstelle – da hab' ich auch einige Übung drin –, oder muß ich tatsächlich hingehen?

Beuys: Nein, Honigpumpe ist ja auch eine Sache, die schon so als Begriff wirkt; also der Begriff Honigpumpe ist ja als Literatur oder als Dichtung schon gut. Ich habe schon sehr lange das Ding laufen lassen ohne Verwirklichung. Den Begriff Honigpumpe hab' ich schon sehr oft gebraucht, und mit Honig hab' ich schon sehr oft solche Texte gemacht und solche Sachen. Und dann hab' ich's mal da wirklich eingerichtet, aber ich hätte es nicht eingerichtet ohne die Menschen. Ich hätte das niemals als Skulptur selbständig verwirklichen wollen, sondern ich hatte ja damals die Möglichkeit, die Internationale Freie Universität auf der Documenta auftreten zu lassen als Honigpumpe, und dann hab' ich gesagt: Gut. Dann bin ich mal hingefahren, hab' mir den Raum angesehen. Ich hatte zwei Alternativen, einen viereckigen Raum und einen, der so ein Halbring war, und dahinter war so eine Stelle, da hab' ich gedacht: Gut, hier kann man also auch ein Zeichen ausrichten für die Freie Internationale Hochschule, und dann können die Menschen unmittelbar um diese Honigpumpe herum die Honigpumpe als Grundidee verwirklichen, so-

18 Joseph Beuys, »Honigpumpe am Arbeitsplatz«, Gesprächsraum der FIU. Links bildet der durchsichtige Schlauch eine Art ›Kreislauforgan‹.

19 Joseph Beuys, ›Kopfteil‹ der »Honigpumpe am Arbeitsplatz«, documenta 6, 1977

wohl als Zeichen, als Maschine, aber auch geistig, indem sie hundert Tage da sich über ihre Ideen informieren, mit anderen Menschen zusammen sprechen, Verbindungen herstellen usw. Und diese Honigpumpe ist also nicht denkbar nur als Sache, nur als Maschine oder als Skulptur. Die Menschen gehören eigentlich dazu, und dann hat die Honigpumpe durchaus die Möglichkeit, gewisse Prinzipien des Menschen einfach mal in zeichenhafter Form – es ist ja schließlich ein Mechanismus, kann also nur im übertragenen Sinn stimmig sein –, zum Beispiel Zirkulationsprozesse, abzubilden. Und da die Free International University auch sehr intensiv an dem Zirkulationssystem des Kapitals arbeitet, ist das ein sehr gutes Zeichen für diese Arbeit: ein organischer Stoffkreislauf oder ein organischer Geldkreislauf oder ein Geldkreislauf wie der Blutkreislauf eines Menschen mit Aufbau- und Abbauprozessen, wo immer wieder etwas kreditiert wird, hineingegeben wird in den Kreislauf, aber genau kein Pfennig mehr und kein Pfennig weniger wieder zur Schöpfungsstelle zurückkommt, wenn es seinen Prozeß getan hat, und dort wieder in einen originären Erneuerungsprozeß hineinkreditiert wird in das System. So ein Kreislaufsystem haben wir also gehabt und auch durch die Räume durchgeführt, wo die Menschen immer saßen, und auch eine Herzkammer. Es gab also ein Herzorgan, wenn man mal so sagen will, und es gab ein Blutkreislauforgan, und es gab auch ein Kopforgan. Da war eine große, lange Röhre, die ging oben bis ins Dach – Dach ist ja der Kopf –, und da machte das einen Knick und da war der Honig festgestaut, da hat er sich nicht mehr bewegt. An einer Stelle stand der Honig fest. Also, ich hatte den Eindruck, da muß so etwas sein wie ein Gehirn, wie ein Kopf, wo sich etwas oben staut und die Kopffunktion übernimmt, oben im Dach der Documenta. Also hab' ich da versucht, diese drei wesentlichen Dinge einfach als eine Maschine laufen zu lassen. Das hätte mir aber nicht genügt, wenn nicht die Menschen das an Ort und Stelle noch viel besser durch ihre Arbeit dauernd begleitet hätten, sonst wär' es mir auch noch zu mechanistisch gewesen. Davor hab' ich dann eine Sache gesetzt, einen Haufen Fett und eine Doppelmaschine – zwei Motoren, die ich gekuppelt hatte mit einer großen Kupferwalze –, die das Fett dauernd bewegt hat, in hoher Geschwindigkeit; und das war für mich der Repräsentant für den Willen, der fehlte ja noch.

Wenn man sagen kann: Das Herz mit seinem Kreislaufsystem hat ein empfindendes Bewegungselement, und der Kopf ist das Formprinzip, dann fehlte noch das Willenselement. Diese Maschine war also auch da, so daß man sagen kann: Es waren alle wichtigen kreativen Punkte, die drei wichtigsten, erst mal so die groben Strukturen, die waren da: Denken, Empfinden und Bewegung und Willenskraft waren repräsentiert. Da brauchte einer gar nicht solche Begriffe zu kennen oder schon unterschieden zu haben, er hat es einfach erlebt, viele haben es erlebt. Deswegen haben auch viele gefragt: Was soll das bedeuten? Dann hatte man da die Gelegenheit, vom Menschen zu sprechen und nicht von der Maschine, sondern gleich weiterzugehen, zum nächsten Problem. In dem Zusammenhang ist das entstanden.

Und das hatte auch schon seine Vorstufen. Erstens in diesem Begriff, aber zweitens auch schon in den Aktionen, die ich gemacht habe. War also eine durchaus geschlossene Konsequenz in der Sache mit den Fettaktionen, Honigaktionen usw., war ja schon in den Jahren vorher durchgearbeitet worden, und, na, da hat es noch mal so eine gewisse Wirkung gehabt. Und ich mußte ja, weil ich ja nicht

20 Joseph Beuys, Fettecke im Karton, 1963. Verpackung muß praktisch sein wie Architektur.

daran interessiert bin, da haltzumachen, wo ein Kunstobjekt entstanden ist, um es dann an die Wand zu hängen und zu sagen: Es ist vollkommen, sondern weil ich das ja eigentlich weiterbringen wollte. Ich war ja eigentlich darauf angewiesen, etwas zu finden, was Wirkung hatte, und zwar etwas, was gar nicht laut war, also nicht dramatisch war oder einen wilden Mann gemacht hat, sondern ganz einfache Fettecken. Und als ich die ersten einfachen Fettecken – die waren manchmal nur so groß – irgendwo in die Ecke geschmiert hatte, dann sind die Leute gleich hochgegangen (lacht). Ja, also, da bitt' ich sie, da hab' ich doch wahrhaftig Glück gehabt, oder ich war ziemlich schlau, oder ich war ziemlich einsichtig. Ich hatte mir ungefähr ausgerechnet, diese Fettecke, die wird irgend etwas provozieren, hervorrufen. Und siehe da, es hat geklappt. Und dann hab' ich ja nicht gesagt: Man, siehe da, die Fettecke, sondern jetzt bin ich gleich weitergegangen und habe versucht oder habe begründet, warum Fettecke, warum überhaupt Ecke und warum die anderen Aktionen mit dem Fett, warum da nicht Ecke, warum da einfach so eine Fettlache. Warum hab' ich da mit Wärme gearbeitet, und das Fett läuft einfach so weg, und da ist eine Fettecke? Dann hab' ich das alles in einen Zusammenhang gebracht und habe sofort behauptet: Das ist die wahre Politik, die eine Alternative zum Marxismus ist. Ja, und dann wurden die Leute immer wilder, und dann war die Diskussion in vollem Gange; und es hat also deswegen gar keine Aktion gegeben, wo nicht anschließend lange Diskussionen waren.

Aber, wenn ich das sagen darf, das ist natürlich was anderes.
Beuys: Ja, ich sehe das nicht so.

Oder können sie das noch ein bißchen…

Beuys: Ja, nun, erst mal seh' ich das nicht so. Ich habe ja gesagt, auch da ist wieder kein großer Aufwand betrieben worden mit einem halben Pfund Rama, oder sagen wir mal so, ich habe ja ein einfaches Mittel genommen, und ich habe ja auch sehr einfache Formen gewählt. Ich habe nur Substanzen eingesetzt. Ich habe Substanzen in eine bestimmte Konstellation gebracht, also in diesem Fall Fett. Fett ist schon alleine ein Repräsentant von Wärmequalität, denn es ist entstanden aus dem Wärmeprozeß innerhalb organischer Wachstumsprozesse in der Pflanze, in der Samenbildung. Fett ist plastische Masse, die noch sehr nahe am flüssigen Zustand ist, denn sobald irgendeine äußere Wärme dazu kommt, zum Beispiel die Hand schon, die Blutwärme, dann wird es wieder zu Öl. Und dann diese Anfälligkeit gegenüber plastischen Eingriffen durch Wärmequalitäten allein, gar nicht mal durch einen physischen Abdruck; Ton kann man ja auch sehr flexibel und weich machen, so daß der leichteste Fingerabdruck bis in die Linien hinein sich abdrückt. Ich wollte eine noch größere Flexibilität haben und wollte in dieser großen Flexibilität des Materials überhaupt darauf zu sprechen kommen, was Plastik überhaupt ist. Man wußte nicht, was Plastik ist. Man hat immer den Begriff verwandt, man hat immer gesagt: Das ist eine Plastik, und das ist Malerei, und das ist Architektur, das ist Tanz, und das ist Dichtung, also Lyrik usw. Ich habe mich immer daran geärgert, daß die Leute einen Begriff verwenden, ohne zu wissen, was es ist. Ich habe sehr viel Verständnis dafür gehabt, daß Ad Reinhard, das ist ein abstrakter amerikanischer Maler, mal gesagt hat: Plastik, hat man gesagt, was halten sie von Plastik, moderner Plastik? – Plastik? sagte der, ja Plastik ist etwas, worüber man stolpert, wenn man von einem Bild zurücktreten will, um es zu betrachten (Teilnehmer lachen).

Ich fand das gar nicht schlecht, denn darin drückt sich aus, daß eigentlich gar nicht richtig für ihn begründet ist, was eine Plastik ist. Man wußte nicht mehr, als daß es ein räumliches Gebilde ist, mehr oder weniger abstrakt oder mehr oder weniger figürlich, mehr oder weniger der impressionistischen Bearbeitungsmethode von Rodin zugewandt oder mehr nach kann sie lokalisieren, wo sie steht, wenn sie in Erscheinung tritt. Ob sie mehr beim chaotischen Punkt steht, also da, wo das Fett so wegläuft und keine bestimmte Form hat, sondern eine ungerichtete Energie ist, also chaotische Merkmale aufweist in ihrer ganzen Vitalität, die so ein chaotisches, unbestimmtes Potential von einfacher Ressource hat.

21 Schema zur plastischen Theorie, Ausschnitt aus der Zeichnung »Evolution« (47)

Brancusi hin, oder was auch immer alles so in den stilistischen Innovationen der Kunstgeschichte mit dem Begriff gemacht worden ist. Und ich hab' mir gesagt: Das ist an sich ein Begriff, der hat gar keine Grundlagen, da muß etwas drinstecken, was viel genauer ausdrückt, woraus er sich zusammensetzt. Ja, und das hab' ich dann richtig mit den Fettecken gemacht, und es ging überein mit Überlegungen, die ich auch vorher schon so versucht habe, an der Sache ingang zu setzen, und siehe da, ich fand etwas heraus, was ganz simpel ist, aber was auf jeden Fall ganz eindeutig klärt, was eine Skulptur ist, was eine Plastik ist. Daß sie nämlich aus Kräften zusammengesetzt ist, daß sie nämlich sehr wichtige Komponenten hat. Und wenn man die Komponenten im Bewußtsein hat, kann man überhaupt auch eine Plastik beurteilen oder kann sie unterbringen, möchte fast sagen, wie auf einer Spektralskala, und

Also, das war schon mal klar, da gibt es einen Pol, der ist ganz unbestimmt; und dann gibt es einen weiteren Pol, der ist ganz bestimmt oder sogar überbestimmt. Denn – haben wir schon gesehen – da ist der rechte Winkel, der repräsentativ ist für unsere Zeitkultur, alles ist im rechten Winkel, alles ist in Kreuz-Form, da ist also das kristalline Prinzip. Da ist ein ganz anderes Prinzip. Das eine ist bestimmt, das andere ist unbestimmt, und dazwischen gibt es ein Bewegungsprinzip; das heißt: Von da nach da wird etwas transportiert, und es kommt immer nur darauf an, bis wie weit man es von einem Pol zum anderen bringt. Denn wenn man es nur ein Stückchen vom einen Pol auf dem Spektrum wegbringt, hat es noch sehr viele Merkmale des Unbestimmten. Bringe ich es auf die Mitte, hat es viele Merkmale des harmonischen Ausgleichs zwischen den Kräften, die im Stoff drin sind, und dem Formprinzip, was die Sache noch so weit bringt, daß alles harmonisch da ist, aber niemals, sagen wir mal zum intellektuellen, übertriebenen Formprinzip bringt. Also: Bestimmt – Bewegung – Unbestimmt. Stimmt auch genau mit dem Menschen überein. Stimmt mit dem unterbewußten, chaotischen Willen, so lange er nicht vom Formprinzip erfaßt ist, und mit dem mittleren, ausgleichenden Bewegungsorgan von Herz und Blutkreislauf, Atmung usw. überein. Also, eine einfache Sache, aber ich glaube, eine sehr entscheidende Sache. Eine sehr entscheidende Sache, aus der sich dann alles andere entwickelt hat.

Gibt's da bei dieser Pumpe nicht auch irgendwo eine ziemliche Schwachstelle?
Beuys: Schwache Stellen? Ja sicher, sag ich ja, vor allem die Maschine.

Und zwar diese Elektromaschinen, diese Elektromotoren. Mich würd' das auch mal interessieren: Maschinenartiges. Also, wir haben heute morgen über die Biene und über den Honig und das Wachs gesprochen. Das ist ja jetzt auch ein integraler Bestandteil dieser Maschine, gerade Pumpe, wobei die Assoziation Herz-Pumpe ja schon wieder gar nicht...
Beuys: Ja, stimmt ja nicht. Ich habe ja ganz klar gesagt, daß es eine Maschine ist und daß ich sie hätte gar nicht vertreten können, wenn ich nicht die Aktivität der Menschen da gehabt hätte, um zu sagen: Das ist nichts anderes als ein Zeichen, an einer Maschine, man kann sogar sagen, in falscher Form dargestellt.

Das Interessante ist, daß nämlich die Kräfte, die Zufuhren, der Strom, die sind dann so in dem Stecker, man kann das gut sehen auf den Abbildungen.
Beuys: Ja, der Strom ist nirgendwo verdeckt worden, ganz im Gegenteil.

Nein, das ist auch gut, aber wo kommt der dann her? Also ich fänd' zum Beispiel, wenn man das so machen würde, daß man vielleicht irgendwie ein Wärmeprinzip hat, das das in Bewegung bringt, also jetzt dieser gleiche Gedanke oder Begriff Honigpumpe, nur vielleicht, wenn die Sonne jetzt stärker scheint, daß es sich dann wieder stärker bewegt und daß es wandelt, das wär vielleicht ein...
Beuys: Ja, aber damit machst du ja eine Wertung. Ich verstehe, was du meinst, aber man kann ja nicht unbedingt etwas gegen Elektrizität haben.

Das sag' ich nicht, aber das steckt da noch irgendwo so drin.
Beuys: Es ist natürlich eine Problematik. Wenn die Elektrizität knapp wird und die Leute anfangen, Atomkraftwerke zu bauen, wird's ein Problem, aber natürlich ist die Elektrizität eine wichtige Sache. Ich habe ja sehr viel von der Elektrizität in meinen skulpturalen Ideen verwirklicht. Oftmals unter Benutzung von Elektrizität ganz real, wie bei der Honigpumpe, aber manchmal ganz ohne Elektrizität, mit einem elektrolytischen oder elektrostatischen Vorgang oder mit einem Batterieeffekt, der so niedrig ist, daß man ihn kaum messen kann, also aus sich selbst, aus der Zusammensetzung von Materialien, die man als Elemente benutzt. Eine Eisenplatte und eine Kupferplatte ergeben einen elektrischen Strom, als Batterie, aber der ist sehr niedrig. Ja, aber ich habe mich sehr für die Elektrizität interessiert als dem Kälteprinzip in der Sache gegenüber dem Wärmeprinzip, denn ich hatte niemals ein Interesse, sagen wir mal alles nur aufzuwärmen. Man kann ja nicht alles aufwärmen, dann wird's ja wieder gefährlich, denn man muß ja auch die Formkräfte haben, und die Formkräfte haben tatsächlich oftmals den gegenteiligen Effekt. Sie sind ab-

kühlende Kräfte, kristalline Kräfte. Also wie zum Beispiel die Kristallisation, die ist nicht unbedingt ein Wärmeprozeß, sondern eher ein Gefrierprozeß, ein Frostelement in der Sache, eine Verdichtung im Frost, also in der Form, und die übertriebene ist, übertragen auf den Menschen, eine Schlacke, eine Intellektualität, eine Einseitigkeit. Aber eine einfache Aufwärmung nur des einen Poles ist nicht möglich. Das heißt, ohne den Formeinschlag ist das andere eben falsch. Deswegen muß man immer an die Polaritäten denken oder an die Kräfte denken, das ist nichts anderes als Geistesgegenwart, sonst kriegt man eine Vorliebe für eine bestimmte Sache, und Vorlieben sind ja sehr gefährlich. Also, wenn man eine Vorliebe kriegt für eine Sache, dann ist schon meistens die Sache auf dem schlechten Weg. Und ich habe mich also für diese untersinnliche Eigenschaft der Elektrizität sehr stark interessiert, und sie spielt eine wesentliche Rolle in meiner Arbeit. Sie gehört nämlich tatsächlich zum irdischen Bestand dazu, und sie hat sehr viel zu tun mit den verdichtenden Kräften des Erdmittelpunkts und mit unserem Planeten überhaupt, sehr viel, und mit den zentripetalen Kräften, die nach innen, auf den Kern sich verdichten; auch Gravitation, Magnetismus, alle diese Dinge spielen ja eine große Rolle für unsern Planeten, und deswegen kann ich die Elektrizität nicht als etwas Negatives ansehen, sondern sie ist das dazugehörige Glied einer Sache, das natürlich in der Einseitigkeit falsch wäre, aber im Zusammenspiel mit dem anderen überhaupt das andere erst in Erscheinung treten läßt. Also nicht die Elektrizität als Elektrizität ist das Problem, sondern wie man diese Elektrizität erzeugt, ob sie so erzeugt werden muß, wie manche das vorhaben, oder ob man die Elektrizität in der Zukunft ganz anders nutzt oder ganz anders einsetzt, aber ich sehe nicht unbedingt einen Grund – jedenfalls so weit ich sehen kann –, daß man die Elektrizität nicht nutzen sollte, weil sie in sich etwas Negatives ist. Oder wie meinst du jetzt?

Nein, so meinte ich das nicht. Ich meine nur, daß das irgendwo nicht ganz so deutlich ist bei dem Vorgang. Es ist natürlich jedem, der sich das klar macht, deutlich, daß, wenn die vom Elektrizitätswerk da abschalten, dann würde auch deine Maschine stehenbleiben, aber es gehört etwas dazu, man muß das wieder hinzudenken. Insofern hab' ich also diese Schwachstelle verstanden.

Beuys: Ja, ja, ich hab' ja deswegen auch gesagt: Es war eine Maschine. Es war eine Maschine, die erst insoweit sich rechtfertigen läßt, als da die Menschen mit ihrer anderen Energie integriert waren. Es war also imgrunde nur ein Zeichen für eine Sache. Man kann auch sagen: Es war ein revolutionäres Symbol, wie der Turm von Tatlin oder so etwas, also das Neue waren die Menschen, nicht die Maschine. Und nun gab es die Substanz Honig da drin und das Fett, aber das Neue waren die Menschen, und daß man in dem Zusammenhang die Menschen als die Honigpumpe bezeichnen konnte, daß man immer wieder sagen würde: Hier ist die Honigpumpe, nicht da, da nicht, hier, hier, hier! (lacht)

Dann interessiert mich hier einfach, was dann diese Maschine ist, wenn sie nicht mehr das ist. Bei der Kiste ist es die Kiste. Entschuldigung, es ist so schwer darüber zu reden, weil's ja Stoffe sind. Aber gut, dann kann man sagen: Bei der Maschine ist's die Maschine, aber das, was sie veranlaßt zu sagen: Das ist ein Zeichen?

Beuys: Dies ist die Kiste! Dies ist die Kiste, und das andere ist die Maschine. Ja, aber ich habe an dieser Maschine genau so viele Kriterien angewandt, entsprechend diesem zur Verfügung stehenden Material, wie an dieser Kiste, denn ich habe nicht irgendwie eine willkürliche Maschine gebaut.

Ja, aber wir verlassen nachher die Kiste nicht!
Beuys: Nein, ich will die Kiste ja nicht aus dem Auge verlieren.

Bei der Honigpumpe kann ich weggehen, bei der Honigpumpe kann ich zu dem Menschen übergehen, und das machen wir bei der Kiste nicht.
Beuys: Nee nee, Moment mal, das ist nicht richtig! Diese Kiste ist ja auch besprochen worden im Zusammenhang mit dem Menschen und wie weit sie den Menschen fördert, lebendig macht oder sich ihm aufdrängt oder irgendetwas zerstört oder auch ganz unrationell ist im gesamten Umsatz von Stoff. Da steht ja die Kiste dafür, aber diese Maschine hatte ja noch eine andere Aufgabe.
Diese Kiste ist imgrunde noch ein klassisches Kunstwerk. Es sind die Elemente der Kunstgeschichte bis heute da drin, von den Anfängen bis zur Gegenwart. Das ist also, man kann sagen, ein traditionelles Kunstwerk, primitives, traditionelles Kunstwerk, das immer so gemacht worden ist, das auch weiterhin wahrscheinlich so gemacht wird, und da ist ja keine Intention drin in bezug auf die Propagierung einer neuen Idee. Das war aber wohl bei der Maschine dabei. Aber soweit es sich um die Maschine handelt, gehört auch die Maschine einer traditionellen Art von Kunstwerk an. An diese Maschine sind Kriterien angelegt worden, nach Proportionen, nach Material, nach Resonanz, also nach akustischer Wirkung, wie der Ton eingespielt war – hätte man auch viel dumpfer laufen lassen können, hätte mit einer anderen Geschwindigkeit laufen können –, auch ist der Honig ausgesteuert worden nach Geschwindigkeit usw., nach Rhythmus, was das in den Röhren macht; hab' ich so eine Woche lang mit herumgearbeitet. Die Maschinen und die Kupferstange hab' ich auch in die richtige Dicke des Kupfers usw. gesetzt; ich habe ähnliche Überlegungen gemacht wie bei der Kiste. Also ich möchte jetzt mal einen sehen, der sagt: Hör mal, da an der Honigpumpe war aber ein plastischer Fehler dran. Im traditionellen Sinn war da, glaub' ich, kein plastischer Fehler dran, weder in bezug auf Anspruch der Form als sonstwie, war das nicht, glaub' ich nicht. Ich wüßte nämlich jetzt nicht, wenn ich diese Maschine noch mal bauen würde, ob ich da irgendetwas... – meistens hat man ja nach einer gewissen Zeit eine Einsicht und sagt: Beim nächsten Mal würdest du das so machen. Da habe ich gar nicht das Bedürfnis, die war, glaube ich schon, relativ vollkommen in der Absicht, wie sie da intendiert war.

Hätte man also doch hingehen müssen und sich's angucken, weil man das nicht nur wissen kann?
Beuys: Ja, die Form hätte man sich angucken können, das ist richtig. Die Situation spielt ja auch eine Rolle. Ja, das ist richtig.
Aber, das ist natürlich das Problem, dieser Übergang vom Alten in das Neue mit dem Begriff einer wirklichen moralischen Maschine, den kann man nicht in einem Atemzug erreichen, da gibt es sicher noch sehr viele Zwischenexperimente, die nötig sind, das ist klar. Das ist wieder ein Beweis dafür, daß alles noch fehlerhaft ist, ist ganz klar. Soweit es die neuen, notwendigen Zielsetzungen sind, ist es doch fehlerhaft. In bezug auf die klassischen Begriffe kann man alles wirklich bereinigen, aber auch das ist schon gar nicht so einfach, wie wir anhand dieser Kiste gesehen haben. Sogar wenn einfache, an sich längst bekannte Krite-

rien da sein müßten, sind sie längst nicht mehr vorhanden. Also ist es auch wichtig, daß man sich das, was verlorengegangen ist, daß man das wieder erübt oder überhaupt wahrnimmt, denn man kann nicht die Vergangenheit des Menschen abschneiden, man kann nicht seine ganze Geschichte vergessen und immer wieder von Null anfangen, sondern man muß die ganze Geschichte des Menschen wieder präsent haben eigentlich, als Werdegang, als Evolution.

Ich frag' eben deswegen, weil ich einfach eine große Skepsis gegenüber Bedeutungen habe, die man etwas beimißt. Also so, wie sie's erklärt haben, wären das ja nicht Bedeutungen, die nun da drangesetzt sind, sondern die sozusagen in dem Gegenstand so drinliegen, daß schließlich, wie sie's selber gesagt haben, der Gegenstand selber sagt...

Beuys: Richtig, ich habe auch genau dieselbe, nicht nur Skepsis gegenüber Bedeutungen, sondern ich weiß, wie gefährlich diese Bedeutungen sind. Deswegen war ja das ganz gut mit dieser Kiste, die Kiste will ja nichts anderes sein als sie selbst, und das ist dann die Bedeutung, aber da ist ja wirklich keine aufgesetzte Bedeutung.

Ja, und deswegen hab' ich dann nach der Honigpumpe gefragt. Wenn die genauso ist wie die Kiste, fang ich an, das zu verstehen.

Beuys: Ja, die war imgrunde genommen genau wie die Kiste oder, man kann sagen wie die Kanne, wo der Kaffee rauskommt (lacht). Ja, da war was drin, war eine gefüllte Plastik wie eine Praline; haben wir auch noch nicht gehabt vorher, eine gefüllte Plastik (lacht).

22 Joseph Beuys, Bronzegefäße in der Ecke des Bodenteils der »Honigpumpe am Arbeitsplatz«, documenta 6, 1977

Schade, daß man den Honig nicht gerochen hat, das hab' ich vermißt.

Beuys: Ja, aber es ist komisch, ich hatte jetzt gerade gesagt: Gefüllte Plastiken haben wir noch nicht gehabt. Ist natürlich nicht wahr, denn als diese Honigpumpe lief, kam natürlich prompt nach einer Woche ein Archäologe und sagte, sie hätten vor vierzehn Tagen irgendwo an einer alten Stelle gegraben – wo war's noch mal? an irgendeiner Tempelstelle in Griechenland –, und da hatte man immer wohl was vermutet, aber dann haben sie noch ein Gewölbe ganz tief irgendwo gefunden, und siehe da, was stand da drin? Drei große Bronzegefäße voll mit Honig (lacht). Ja, hat der mir berichtet, und der Honig war noch sehr gut, war noch eßbar; also sehr tief hat das gestanden, drei große Bronzegefäße mit Honig. Und ich hatte auch drei solche Bronzegefäße da drin in diesem Raum mit der Honigpumpe, das waren drei kleine Bronzegefäße, die standen in einer Ecke, da hatt' ich allerdings keinen Honig drin, da hätt' ich ja doppelt gemoppelt, da sollte der Geist drin sein (Teilnehmer lachen), der Honig war ja jetzt in dem Kreislauf drin, und Fett war ja da auch dauernd in Auseinandersetzung; und da waren drei leere Gefäße, da sollte nur der Geist drin sein; aber es hatte doch eine sehr große Ähnlichkeit.

Ich erlebe überhaupt immer solche Sachen. Jetzt vor kurzem hatte ich – ist eine ganz schöne Geschichte. Ich sagte: Es ist doch komisch, jedesmal morgens, wenn ich wach werde und liege da noch so drei Minuten auf dem Rücken, dann hab' ich immer drei Worte im Sinn. Und nachdem ich das so eine Woche hatte, hab' ich mir die neben dem Bett aufgeschrieben. Und oben stand »Jupiter« als erstes Wort, es drängte sich einfach auf. Als zweites stand »Leber« und als drittes »usher«. »Usher« ist ein englisches Wort. Und zwar hatte ich das nur als Klang, als Gesamtklang so im Sinn, und ich denke: Da ist irgendetwas, da muß ich mal, muß ich mir doch mal festhalten. Hab' ich das aufgeschrieben. Und seitdem ich das aufgeschrieben habe auf Papier, auf so einem Kartonstreifen, der da liegt – der liegt da immer noch –, hab' ich das irgendwann mal ein paar Menschen erzählt, daß ich in letzter Zeit immer bedrängt werde durch dieses Bild mit den drei Begriffen. Ja, da hat der sich das angehört und sagt: Interessant. Der kam vorige Tage zu mir, sagt er: Na, ich hab' eine sehr interessante Sache gemacht – »usher« heißt ja der Pförtner, das sind die, es sind meistens zwei Wärter an der Türe, die bei Festivitäten, aber auch bei feierlichen Handlungen die Leute an der Türe empfangen. Da sagt der: Ich hab' was sehr Interessantes gefunden. Es gibt eine sogenannte »Leber von Piacenza«. Das ist eine Plastik – man weiß nicht, ob sie römisch oder etruskisch ist –, hab' ich jetzt herausgefunden, zufällig, und habe dann mal nachgefragt bei Archäologen und Vergrößerungen angefordert von Details. Sagt er: Da steht »Jupiter« darauf und zwei Türwächter. Sonst ist da praktisch nichts drauf. Dann sind da nur noch so komische Ritzungen, die so aussehen wie astronomische Streifen oder was, so Zahlenanordnungen. Ja, ich sag: Das ist es, das ist genau das: also Jupiter, ein Wächterpaar und die Leber. Und das hat mich die ganze Zeit beschäftigt. Jetzt laß' ich das natürlich erst mal stehen. Aber das ist ja durchaus eine wichtige Sache scheinbar, eine sehr interessante Konstellation. Ich gehe jetzt nie der Sache systematisch nach, ich meine nur mal um zu sagen, daß ich da nicht voreilig bin und sage: Jetzt wird da unbedingt sofort was rausgeschlagen. Nee, das laß' ich erst mal sich absetzen. Und dann ist ja meistens die allererste Sache, wenn man so etwas gesagt bekommt, daß man sagt: Gut, Wächter, was sind

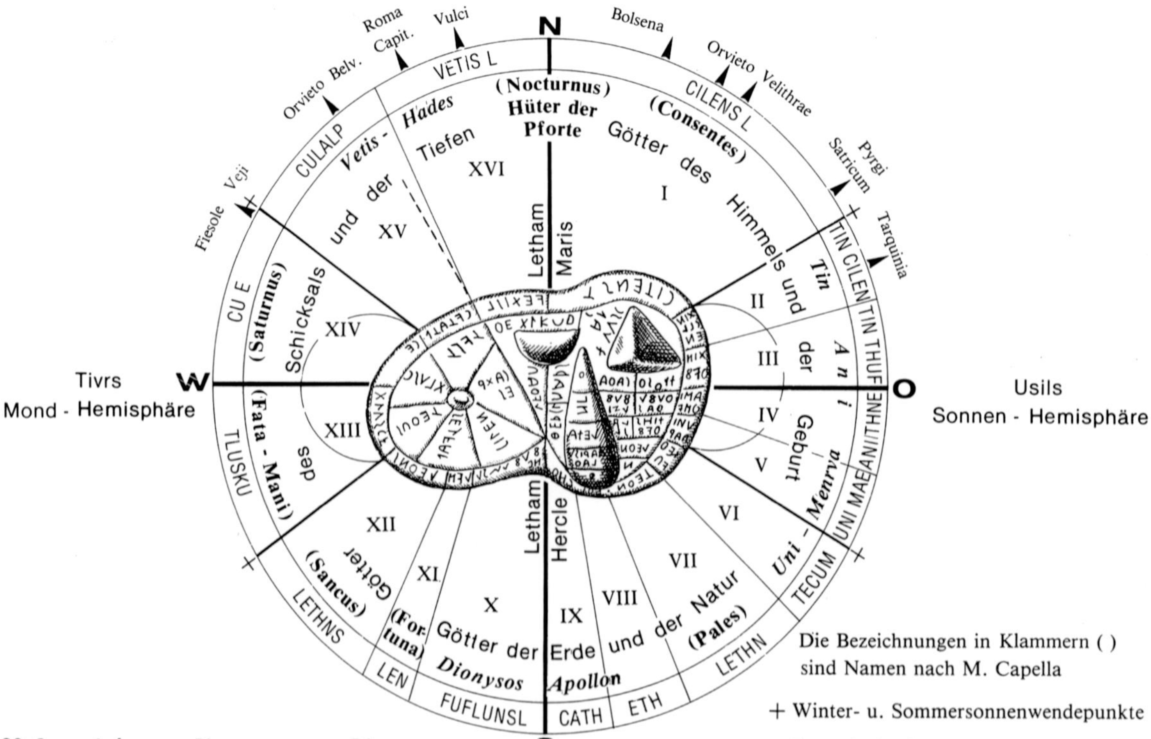

23 Sog. »Leber von Piacenza« samt Diagramm

Wächter? Wächter sind immer Leute, die an irgendeiner Schwelle stehen und da von außen nach innen oder von innen nach außen etwas vermitteln. Also ist ganz klar, daß das Symbol »usher« und »Wächter« nichts anderes ist als eine Linie, eine Schwellensituation, wo etwas umschlägt, von einem Zustand in den anderen. Ist ja sowieso ein Hauptthema bei mir. Und »Leber« ist ja auch eigentlich, wenn man es ganz einfach interpretiert, nichts anderes als das Leben, denn das Wort »Leber« kommt von »Leben«. Im Mittelalter hieß es noch »der Leber«, oder kurz vor dem Mittelalter, »der Leber«, weil man meinte, es ist das Lebensorgan überhaupt, und »Jupiter« ist zweifellos eine Repräsentanz, die nicht unmittelbar hier in diesem Zimmer ist, sondern außerhalb dieser Schwelle. Also allein von dem Bild ist klar: Die Wächter stehen in der Mitte, die Leber ist das Leben, und da oben ist noch etwas anderes, was mit dem Leben etwas zu tun hat. Also, ich mein', man kann es auch so ganz einfach nicht interpretieren, sondern das sind die entsprechenden, dazu passenden Bilder. Jetzt würde mich nur noch interessieren, aber da bohre ich jetzt mal nicht hinter, das soll der jetzt mal machen, wie die Römer das im einzelnen, unter Umständen an anderer Stelle, noch praktiziert haben, so etwas mit den Wächtern und mit der Leber und mit den Göttern. Das ist nicht mein Bier. Also, ich weiß jetzt, nachdem ich das jetzt noch mal genau angeschaut habe, daß es sowieso klar ist. Das ist auch in den Zeichnungen letztendlich schon drin. Jetzt kommt man vom Formalen ab und kommt in Bezeichnungen für bestimmte Kräftekonstellationen, wobei »Jupiter« etwas ganz bestimmtes ist und die Schwellensituation etwas ganz bestimmtes ist usw., und wenn man »Leber« sagt, ein bestimmtes Organ meint, das sicher eine ganz andere Wesenheit hat als ein Herz. Und jetzt kommt man zu unterscheidenden Konstellationen, die aus verschiedenen Richtungen von Kraft hergestellt worden sind. Es ist zwar alles Gewebe; ein Chemiker wird in allem nur ungefähr oder relativ gleiche Gewebe feststellen. Trotzdem sind sie so verschieden wie der Mond vom Saturn oder wie die Erde vom Fixsternhimmel usw. Wir sehen also: Wir kommen jetzt in die plastische Diskussion hinein, die verschiedenen Repräsentanten ganz verschiedener Formabsichten, und das ist natürlich für die Skulptur und für die Kunst und für die gesamte Menschheit sowieso von alleräußerstem Interesse, daß man da eine Vorstellung davon bekommt, warum eine Leber eine Leber ist und kein Herz, und warum ein Gehirn ein Gehirn ist und keine Blase. Und wenn man nach solchen Begriffen bauen würde oder überhaupt handeln würde, dann hätte man überhaupt erst eine Ökologie. Und wenn man in Konsequenz solche objektiven Ressourcen – ich nehme jetzt den Begriff Ressourcen viel weiter, auch geistige Wirksamkeiten – mit einbeziehen würde, dann hätte man überhaupt erst eine Möglichkeit, die Gesellschaft so einzurichten, daß das alles übereinstimmt, daß das alles stimmig wird. Und dann gibt es natürlich noch den Zeitfaktor. Der Zeitfaktor ist von immenser Wichtigkeit, weil heute die Konstellation eine andere ist als morgen und ich da dauernd beobachten muß. Ich kann also die Sternwarte nicht einfach verlassen, als Mensch die Wahrnehmung und das dauernde Beschäftigt-Sein mit diesen ganzen Auseinandersetzungen nicht verlassen, kann nicht einfach sagen: So, jetzt lassen wir's mal sausen, das geht nicht. Ich kann wohl etwas anderes tun, ich kann meinen Rhythmus wechseln, dann muß ich aber einen Vertreter da hinstellen, dann muß ich den auf den Punkt, auf den Beobachtungsposten setzen, dann kann ich in der Zeit etwas anderes machen, das ist ja wohl möglich. Na ja, sagen wir mal so: Das ist alles interessant für die Skulptur (lacht). Ich erzähle jetzt mal ruhig solche Geschichten, weil das für mich doch Anlässe sind für Arbeiten. Und wenn sich solche Anlässe verdichten und es keine Ausweichmöglichkeit mehr gibt, dann verwirklich' ich irgendeine bestimmte Form. Ich produziere ja nicht am laufenden Band. Es muß schon einen bestimmten Grad von Verdichtung haben, sonst mach' ich's nicht, sonst laß' ich's sein.

Das, was du Maschine nanntest, unterscheidet sich ja von dem, was man sonst als Maschine bezeichnet, weil man die Maschine ja immer gebraucht, um etwas damit zu machen. Während, wenn man sich einen Baum anschaut oder eine Blume, man hat da ja auch etwas, was einen Bildcharakter in sich trägt, was auch aus Substanzen besteht, was also im Sinn des funktionalen Zusammenhangs auch eine Maschine genannt werden könnte, aber nicht dazu dient, um etwas zu machen, etwas herzustellen, sondern es stellt sich eigentlich selber her, als Zeichen. Oder etwas, was vielleicht nicht in Erscheinung oder als Nichterscheinung existiert, als Kraft oder Kräfteverhältnis, tritt, wenn es im Stoff erscheint, eben als Zeichen, sagen wir mal als Pflanze auf und nicht als Maschine. So daß das, was du meinetwegen da Honigpumpe oder so, Maschine nennst, doch mehr diese Bildseite hat als den Maschinencharakter, auch wenn die Maschine drin auftritt, also die Pumpe oder der Generator oder der Motor; dann sind die eigentlich mehr zeichenartiger Natur als maschinenartiger Natur.

Beuys: Ja richtig, ja bildhafter Natur. Es ist eigentlich die Bildfunktion. Das ist vollkommen richtig. Aber trotzdem kann man nicht überhören, was er gesagt hat. Wenn man anspielt auf einen Organismus, und vor allen Dingen, wenn man noch mal auf die Herzfunktion kommt, dann kann man ruhig darauf eingehen und sagen: Es war schon ein Mechanismus. Aber sicher, das war herausgerückt und hatte insofern eine Bildfunktion, das ist wahr.

So ähnlich seh' ich ja auch einen Bleistiftstrich auf dem Papier. Wenn der aus der Bildfunktion rausfiele, dann bräuchte ich mir auch die Zeichnung nicht anzugucken. Dann genügt's, daß ich weiß, ah, da hat jemand auf Papier irgend etwas abgerieben, etwas Schwarzes. Selbst der Bleistiftstrich ist ja ein Ding, das von sich aus nicht künstlerisch ist, wenn er sich aber verbindet, dann kann ich auch nicht sagen: Man könnt' das Bild nicht machen, wenn's die Fabrik nicht gäb'.

Beuys: Ja, ja, das ist richtig, aber es ist trotzdem ein anderes Problem. Er hat ja nicht bestritten, daß der Mensch etwas machen kann, ohne Stoff zu ergreifen, aber er hat gemeint, daß man den Stoff anders anordnen kann, daß die mechanistische Seite anders hergestellt werden kann, daß, sagen wir mal Energieproduktion oder so anders hergestellt werden kann, etwa so wie im menschlichen Organismus. Der menschliche Organismus ist ja keine Maschine. Das Herz ist ja beispielsweise keine Pumpe.

Ja, ich meine, es gibt ja für den Menschen überhaupt gar keine Möglichkeit, so lange er Mensch ist, sich einem anderen gegenüber auszudrücken, als durch einen Stoffprozeß. Auch wenn ich spreche, brauche ich ja meinen Kehlkopf, Knochen, Schallwellen, ich brauche zum Beispiel die Substanz der Luft; sie brauchen unbedingt so eine Membrane im Ohr, sonst würden sie meine Sprache gar nicht hören. Es gibt keine Möglichkeit, sich zu vermitteln, als durch einen Abdruckcharakter in einem bestimmten Material. Und für das eine werden weniger feste Stoffe gebraucht als für das andere. Aber imgrunde ist es das gleiche, ob ich nun spreche oder Eisenteile zusammenbringe und damit einen Gegenstand produziere. Es bleibt zur Information immer das Ergreifen von stofflichen Zusammenhängen, ganz allgemein. Also, Information ist ohne Stoff nicht denkbar zwischen Menschen.

Ja, da könnte es eben doch sein, daß ich den Stoff als was zweitrangiges betrachte, wie das ja in der klassischen Kunsttheorie dann immer gemacht wird. Die Information, das Wesen, das wird ihm eingeprägt, dem Stoff, das ist letztlich egal, Hauptsache, die Information kommt durch. Und nach dem Prinzip, das wir jetzt da an der Kiste geschildert haben, da ist es ja so, daß gerade diese Information auch dieser Stoff ist.

Beuys: Richtig, weil wir in einer anderen Zeit leben, weil alle Stoffe sich wandeln. Es ist nämlich nicht Stoff heute Stoff und morgen gleicher Stoff. Wenn man das so machen würde, wäre man ein Klassiker in der materialistischen Physik und in der Chemie, indem man einfach sagt: Nicht wahr, der Stoffbestand bleibt ewig derselbe, Blei wird ewig Blei sein, Kalk wird ewig Kalk sein und kann nicht aus, kann keinen Schritt machen. Es wird einfach behauptet: Die Stoffe sind stabil, für alle Ewigkeit. Das geht nicht, ist auch ein innerer Widerspruch, das ist nicht der Fall. Aber jetzt kommt man in viel intimere Sachen hinein, ganz abgesehen davon, daß sich alle Stoffe sowieso schon gewandelt haben im Lauf der Geschichte. Sie haben eine ganz andere Substantialität heute also vor fünftausend Jahren oder vor zehntausend Jahren. Ich sprech' aber jetzt von Substantialität

nicht so wie der Chemiker, der das auf die Waage wirft und mißt, hier stehen ganz andere Prinzipien zur Diskussion. Und in diesem Fall wird die Substanz unter einem anderen Gesichtspunkt selbstverständlich wichtig, um beispielsweise vom Retinalen abzukommen, also von diesem Sinn von Vermittlung im rein Formalen, im Erfühlen des ganzen Kräftezusammenhangs. Und Kräftezusammenhänge spielen sich in Substanzzusammenhängen ab, sind nicht nur reine, rationale, analytische Faktoren, wo man die Information analytisch auseinanderdeutet, etwa nach der Methode der Logik oder so etwas, sondern da geht die Logik weiter, da sind intuitive, inspirative und imaginative Organe dafür nötig, sonst erfährt man das nicht. Aber gerade das haben wir ja vorhin schon gehabt, an der Stelle waren wir schon mal, daß das durchaus nötig ist, um das Wichtigste, was in der Gegenwart eine Wirklichkeit ist, wahrzunehmen; denn wenn wir diese Wirklichkeit nicht wahrnehmen, nehmen wir etwas wahr, was nicht mehr die Wirklichkeit ist. Wir nehmen etwas wahr und werden durch Dinge belästigt, die eigentlich schon keine Wirklichkeit mehr haben für den Menschen im Innern. Es drängt sich vor, am Beispiel des Autos, am Beispiel der Produktionsweise, am Beispiel des kapitalistischen Umgangs mit Geld usw. Alles, was sich vordrängt und vorgibt, Wirklichkeit zu sein, wird deswegen als Wirklichkeit genommen, weil die Wahrnehmung für die innere Substanz der Dinge, die aber nur durch eine Übung wahrgenommen werden kann, fehlt; da ist noch ein Loch, und das ist die Wirklichkeit. Das andere drängt sich nur vor an die Wirklichkeit und ist sie nicht. Das ist jetzt ein sehr polarisiertes Bild, aber im Prinzip ist es so, im Prinzip ist es sicher so.
Ich will gar nicht sagen, was ist, das soll sich jeder selbst überlegen, das ist das Ergebnis meiner Arbeit. Denn wie ich sehe, haben sie ja hauptsächlich heute auch ein Interesse daran zu erfahren, wie ich ungefähr über die Dinge denke und wie ich arbeite. Einen kleinen Einblick in diese Sache zu geben, was ich ja gerne tu', so weit ich das kann; ob das gelingt, weiß ich nicht. Deswegen sage ich: Das ist das Ergebnis meiner Arbeit. Und jeder soll jetzt nachkontrollieren, ob das wirklich so ist oder nicht. Es handelt sich hier nicht um Glauben. Menschen können nicht mehr glauben, weil sie wissen möchten. Ist das so? Nein? Wie kannst du das als Priester vertreten? Nein, die Menschen können wirklich nicht mehr glauben, weil sie's wissen möchten. So kann man es doch sagen?

Ganz sicher. Sie glauben und wissen's auch meistens nicht, weil sie's glauben möchten. Das ist nämlich der Grund, warum diese Realität sich aufdrängen wird.
Beuys: Ja, noch mal, solche Sachen sind sehr wichtig, solche Argumente, was haben sie gesagt?

Ja, das ist nur die Umkehrung: Daß viele Leute eben gerne glauben möchten, weil sie's nicht wissen wollen. Und das ist der Grund, warum diese Scheinrealität eben diesen Wirklichkeitscharakter kriegt, von dem sie gesprochen haben.
Ja, oder daß sie glauben möchten, was sich ihnen aus sich selbst heraus aufdrängt, also das Triebartige, von dem du sprachst, das sucht nach Bestätigung. Und wenn sich das in irgendeiner Form anbietet, dann glaub' ich das auch sofort, daß das die Wirklichkeit sei.
Das mit dem Wissen ist halt immer eine Frage der Einsichtsfähigkeit, wobei es aber dann auch die Mittlerfunktion gibt. Zum Beispiel, wenn wir dich jetzt hier haben, dann haben wir dich ja hier nicht nur, um dir zu glauben, son-

dern um zu sehen, wie jemand, der in dem Umgang mit den Dingen in gewisser Weise mehr Übung hat als die meisten anderen, uns da ein lebendiger Zeuge wird für die Möglichkeit, zu etwas zu kommen, wohin man selber vielleicht noch nicht gekommen ist. Dann ist die Suche nach solchen Zeugen ja auch die Suche nach Wissen, auch wenn vielleicht die eigene Einsicht noch nicht in jeden Vorgang unmittelbar möglich ist. Aber die Wahrnehmung an demjenigen, der auf diesem Weg ist, und zwar eben wirklich die Wahrnehmung, die mir also ein Wissen vermittelt, die legitimiert auch das, sagen wir jetzt mal zu glauben, was ich noch nicht weiß, aber suche. Also kein blinder Glaube, sondern ein Glaube aufgrund der Wahrnehmung der Wahrhaftigkeit, der Ehrlichkeit eines Menschen, der etwas verwirklicht, was ich selber noch nicht verwirklichen kann. Aber nicht Glaube aufgrund von etwas, was sich abstrakt als Dogmatik hinstellt, sondern eigentlich immer dasjenige, wonach man sucht als in Zusammenhang stehend mit jemandem, der selber danach gesucht hat und davon zeugen kann. Das ist ja auch der Anthroposophie gegenüber das Problem. Wenn man die Anthroposophie als solche dogmatisiert, wirkt sie ähnlich wie der Glaube der Kirche, den man nachlesen kann, während die Wahrnehmung der Wahrhaftigkeit des Arbeitens dieser Person – also zum Beispiel wenn man die »Philosophie der Freiheit« versteht, jedenfalls einigermaßen versteht –, da legitimiert sich auch ein Vertrauen gegenüber den Dingen, die dieser Mann auch sonst ausgesprochen hat, aufgrund der Wahrnehmung dieser Gedanken. So daß ich damit anfangen kann zu leben, ohne daß ich sie schon selber einsehen kann.

Beuys: Klar, ist ja auch Vertrauen. Das ist also die höchste Form des Vertrauens. Das wird ja oft so durcheinander geworfen. Unter Glauben versteht man ja etwas..., ist ja sehr, sagen wir mal vorgesetzt, der Begriff, weil der Glaube mal ein wirkliches Erkenntnisorgan war, Vermittlung, Verbindung gestiftet hat, ganz real, und das ist ja abgebaut aus bestimmten inneren Notwendigkeiten in Richtung Freiheit und Selbstbestimmung des Menschen, Eigeninitiative. Und da spielt allerdings dann, so wie du 's gesagt hast, glaube ich sehr schön gesagt, der Glaube als Vertrauen eine Rolle, indem man an Beispielen bestimmte Vertrauensmaßstäbe erfährt und man sagt: So klein auch mein Anfang ist, an diesen Dingen kann ich immer eine Gewißheit des Weges vor mir haben. Das ist etwas vollkommen anderes. Das rechtfertigt ja sogar den Begriff der Autorität von dieser Seite, so daß ich sagen kann: In dem Augenblick wird ja auch ein Baum eine Autorität. Er ist ja auch tatsächlich vor dieser inneren psychologischen Struktur von Wissen und Glauben eine ganz wichtige Wesenheit, nicht nur aus biologischen Gründen, sondern auch als Skulptur, die nicht von Menschen gemacht ist, ist er ja eine Autorität. Darin ist er ja nicht autoritativ, sondern setzt auf jeden Fall einen Maßstab. Ja hier, bei der Kiste, kommt das ja wieder zum Vorschein, weil der Mensch etwas machen muß, was ganz anders aussieht als der Baum; so steht er doch in Verbindung mit der Sache. Ich finde das jedenfalls richtig, was du gesagt hast; aber es muß einem präsent sein, dieser Bedeutungswandel mit dem Begriff Glauben heute.

Ich wollt' noch was anderes. Ist die Wärme als Substanz zu verstehen oder als Werkzeug – oder ist das gar nicht zu trennen?

Beuys: Ja, sie ist schon als Substanz zu verstehen, als evolutionäre Grundsubstanz, wenn man jetzt nicht nur die physikalische Wärme nimmt, die ein Teil der Verkörperung ist, an einem anderen Pol. Oder sagen wir mal einfach ganz allgemein: Wenn man über die Entste-

hung von Stofflichkeit, auch im Sinn der Substanz, beispielsweise von Honig und Bergkristall, Kupfer usw., spricht, dann kommt man doch zurück auf dieses Wärmeprinzip als einer Substanz, die gar nicht vorhanden ist als Stoff, sondern evolutionärer Auslöser ist, die kreatives Urprinzip ist. Und man kann dann doch sehen, wie dieses Evolutionsprinzip, vermittelnd über organische Wesen, überhaupt erst Materie erzeugt, denn die Materie ist ja nicht vorgegeben, damit da drauf jetzt Pflanzen wachsen können, so daß man sagt: Jetzt muß erst der Boden da sein, daß eine Pflanze drauf wachsen kann, sondern das ist ja wohl Hand in Hand entstanden. Das heißt: Nicht die Pflanze braucht den Boden, sondern der Boden braucht die Pflanze, damit er überhaupt entsteht. Also alle Materie ist über organische Prozesse entstanden, braucht nicht so zu sein, wie heute eine Pflanze aussieht. Also alle Stofflichkeit geht durch dieses Pflanzliche, erst Wärmehafte, Pflanzliche, Flüssige und verfestigt sich mehr und mehr und wird schließlich zum Stein, also durch einen Prozeß von einem bestimmten Ende dieses Verhältnisses von Stoff und Geist, Geist und Stoff. Es ist ja keine Polarität, es ist ja keine auseinandergerissene Dualität, sondern ein einheitlicher Vorgang, den man sich auch in umgekehrter Richtung vorstellen kann. Hab' ich das hier mal gesagt: Man kann die ganze Welt wieder wegschütteln?
Ich habe immer gesagt: Die ganze Welt hier, das kann man alles wieder wegschütteln. Ich hatte da von dem homöopathischen Prozeß gesprochen. Der homöopathische Prozeß, in dem man therapeutische Substanzen durch Potenzierung wieder herstellt, ist ja derjenige, daß man den physischen Anteil Stofflichkeit ganz eliminiert und nur das Formprinzip übrig behält. Das ist ja die homöopathische Medizin. Die Kraftidee bleibt drin enthalten, das Formprinzip bleibt drin enthalten, aber alle physischen Bestandteile werden so stark verdünnt, daß sie wirklich nicht mehr drin sind in der Substanz. Und von da aus rechtfertigt sich, daß man sagt: Alles das, was uns hier letztendlich nicht mehr zufriedenstellt, können wir auch wieder wegschütteln (lacht). Ja, das ist'n Witz, aber es ist trotzdem richtig. Man kann also auch den Prozeß wieder rückläufig machen. Also man muß jetzt nicht denken, daß alles, was, sagen wir mal so tot ist wie ein Stein, nun ewig tot zu sein braucht. Wir werden es schon wieder wegschütteln eines Tages.

Ich kann das ja auch denken.
Beuys: Ja, denken kann man es; man kann es aber auch tun.

Ja, ja, aber mit dem ›Denken tun‹ mein' ich genau diesen Prozeß.
Beuys: Mit dem Denken tut man es, aber man kann es auch wirklich im Umgang mit den Stoffen tun. Kann man.

Zu der Wärme noch mal: Ist das nicht auch ein Potential, das in uns lebt, das einfach mit dem Willensmäßigen verknüpft ist?
Beuys: Ja, haben wir auch schon mal angeschnitten. Aber zunächst mal ist es natürlich auch sowieso in den Organismen drin. Vor allen Dingen in dem Augenblick, wo ein Organismus sich sehr stark verinnerlicht. Oft sind bei der Pflanze auch schon Wärmeprozesse rein auf physiologische Art und vor allen Dingen in dem chemischen Prozeß der Umsetzung von Stoffen drin enthalten. Aber das Tier hat ja zum Beispiel eine sehr starke Temperatur, die kann man messen, mit dem Thermometer; und sie wissen ja auch, das Fieberthermometer ist deswegen erfunden worden, weil der Mensch ein Wärmewesen ist. Und der Mensch ist ja nicht

ein Wärmewesen geworden, weil das Fieberthermometer erfunden worden ist. Man ist also selbst auch ein Wärmeorganismus, und wenn der gestört ist, gibt's ja – wie gesagt – Krankheiten. Das andere sind die geistigen Prinzipien der Wärme, ja, was man Liebe nennen kann, Liebe im höchsten Sinn. Das ist sicher ein Wärmeprinzip.

Plastische Gegenstände aus der Natur

Warum stehen denn die Sachen eigentlich hier so herum?

Beuys: Ja, warum haben wir denn da das Vogelnestchen? Da haben wir eine Verfilzung oder so was angedeutet, oder? Ja, ist ja schön, daß die Sachen da liegen, da ist ja nichts dagegen einzuwenden. Wir haben ja auch schon zum Teil darauf gezeigt und die Sachen schon gesehen, und der Volker hat ja schon die Schädel erklärt, die er aus Afrika mitgebracht hat. Einer ist vom Stachelschwein, dann ist da ein Luchsschädel, also ein Katzenkopf, und ein Affenschädel, einer vom Kind und einer vom Greis. Ja, da kann man natürlich sehr schön sehen, wie Plastik zusammenhängt mit einer unendlichen Anzahl von geistigen Intentionen. Allein wenn man sieht, wie so ein junger Schädel ganz anders ist als der alte da. Wie der alte sich auseinanderzieht. Eigentlich ist der junge Affenschädel ja auf dem besten Weg zum Menschen. Ja, und in dem alten wird's wieder tierhafter, zieht es sich wieder schnauzenhafter auseinander und wird sehr stark mineralisiert und schwer.

Ich hatte die Sachen nur hingelegt, wenn du ein bißchen spielen wolltest mit irgendwas, daß man auch ins Tun kommen könnte, was machen könnte, daß die Erklärungen ergänzt werden oder verwandelt werden in Verhältnisse von Dingen zueinander oder so.

Beuys: Ja, ja, das ist ja an sich interessant (be-

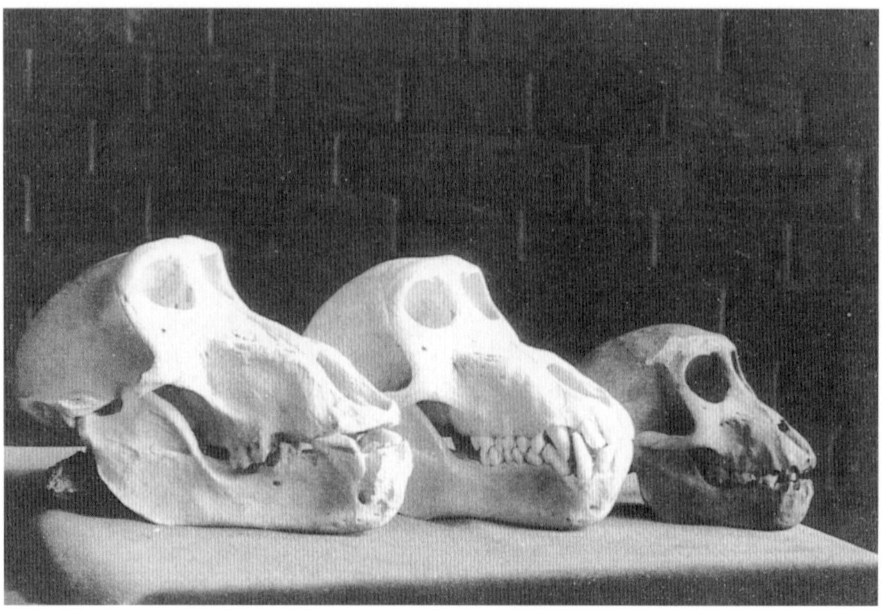

24 Drei Tierschädel

ginnt, sich die Sachen einzeln anzusehen). Also bei den Kieselsteinen, das ist sowieso klar, das ist ein aus einer Masse herausgesprengtes Detail; durch einen Naturprozeß, also durch Frosteinwirkung, wird das auseinandergetrennt, was sich festgesetzt hatte, und wird dann bearbeitet wie der Bildhauer sein Material bearbeitet, im Flußbett oder durch Gletscher oder was weiß ich, und immer noch weiter, jede Berührung mit einem anderen Stoff bringt weitere Veränderungen hervor. Also gerade bei den mittleren Steinen wird der Begriff »Wegnehmen« ganz klar, dadurch wird eine bestimmte Form erzeugt.
Bei dem Bergkristall ist es etwas anderes, der wächst ja von außen her an, da ist es natürlich ein »Anwachsen«, aber trotzdem auch ein Vorgehen von außen. Beim Bergkristall kommt allerdings noch etwas anderes hinzu, das ist eine radiale Kraft, die durch alles hindurchgeht wie eine Art mathematische Konzeption für ganz speziell dieses Mineral, das wieder eine ganz spezielle Gesetzmäßigkeit in sich hat; also Kiesel hat eine ganz bestimmte Konstellation.
Bei dem Knochen ist es etwas anderes, da kann man eigentlich eine Trennungslinie ziehn, da könnte man sagen, das gehört dem Begriff der Plastik insofern an, weil es ein organischer Prozeß ist, der noch dran ablesbar ist, daß er aus der Flüssigkeitsform entstanden ist und also überall Drehbewegungen hat, Wirbelbewegungen, ganz im Sinn der Spirale oder des Wirbelzeichens. Es ist also eigentlich eine erstarrte Flüssigkeitsform, vor allen Dingen, wenn man jetzt den Knochen im Detail ansieht, dann kann man die Flüssigkeitsform noch darin ablesen. Also bis ins Innere hinein ist das von innen nach außen wirklich geworden. Ich habe den Unterschied zwischen Plastik und Bildhauerei deswegen gemacht, allein aus handwerklichen Gründen, weil ja viele Leute an Steinen arbeiten, wenn sie sich mit der Plastik auseinandersetzen, und wieder andere, sagen wir mal mehr an Ton modellieren. An Ton kann man natürlich

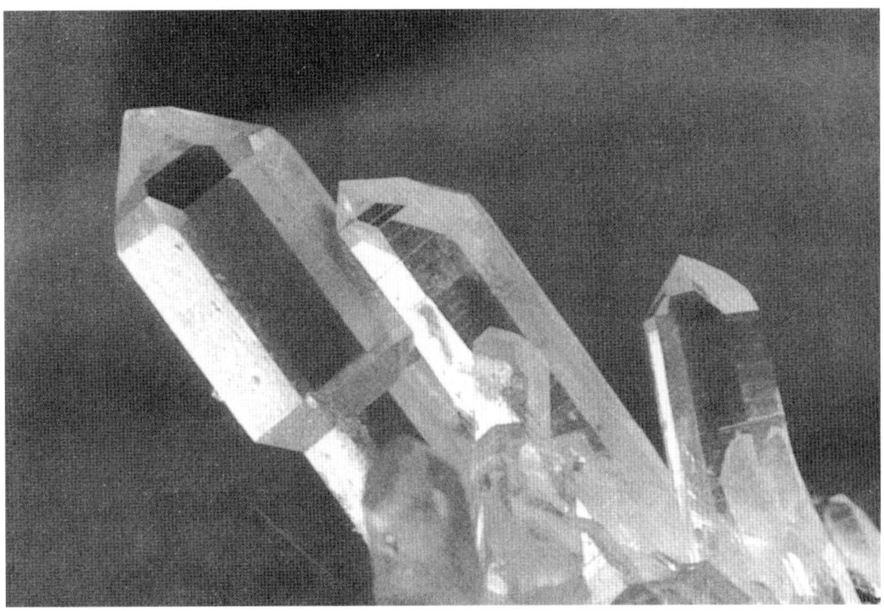

25 Bergkristall, sog. Szepterquarz

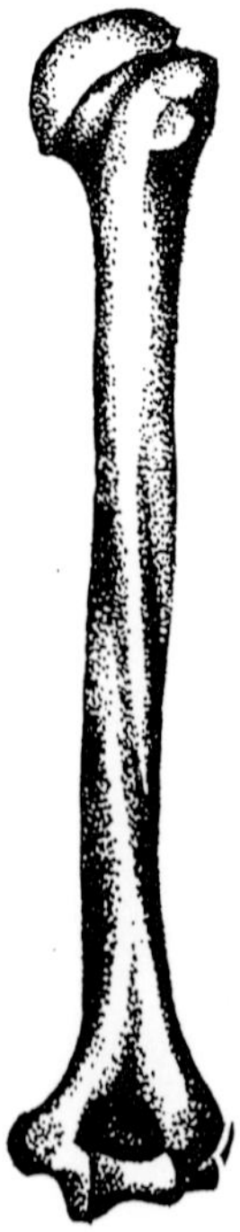

26 Knochen

27 Strömungswirbel

28 Geruchsorgan des Rehs

zunächst auch nur von außen herangehen, aber trotzdem muß man den Ton, also ein flexibles Material, ja so behandeln, als steckte man von innen in der Sache drin; überzeugend wird eine plastische Arbeit eigentlich nur dadurch, daß man sie so herstellt wie ein organisches Gebilde aus der Flüssigkeitsform her entstanden ist. Man muß eigentlich von innen her an die Sache herangehen. Ganz konkret kann man das machen, indem man eine Plastik von innen her modelliert, was man ja kann, man kann ja eine hohle Plastik machen, und also von innen her die äußere Form herstellen. Das kann man besonders auch schön mit Treibarbeiten machen, wo man dann festeres Material nimmt und in Hohlformen arbeitet und mit dem Hammer das Material also nach außen treibt. Auch da spielen solche plastischen Prinzipien eine große Rolle. Während man beim Stein ja immer von außen wegnimmt, meistens braucht man auch eine ziemliche mathematische Planung, wenn man einigermaßen rational vorgehen will, und macht sich irgendwie ein System, womit man diese Ecke erst wegschlägt, diesen Block da wegtrennt und dann erst mal die großen Innenformen hat. Und das ist doch eigentlich in gewisser Weise eine Polarität in der Sache, deswegen ist es interessant. Was meinst du dazu?

Die Methode ist ja die, die Goethe auch in der Naturwissenschaft entwickelt hat, daß man nicht nur zwei Dinge nebeneinander stellt, sondern mehrere, und versucht, in der Reihung der Dinge den Weg vom einen zum anderen, vom anderen zum einen herzustellen, so daß die Be-

obachtung, die vom einen zum nächsten weiterschreitet, dann eigentlich selber eine kreative werden muß, weil entscheidend dann letzten Endes nicht mehr allein das ist, was da ist, sondern ob ich die Bewegung, die vom einen zum andern hingeht, vollziehen kann oder nicht. In dem Maße wie das möglich wird, wird das Anschauen zur Einsicht; so daß ich die Dinge nicht wegnehmen kann. Ich brauche sie, um die Einsicht zu haben, aber die Dinge alleine wären eben dann noch nichts. Und dieser Vorgang der Verbindung vom einen zum andern, jeweils über die Lücke hinweg, ist eigentlich immer ein sinnlich-übersinnlicher, ein kreativer an der Substanz.

Beuys: Ja, wunderbar.

Könnten sie die Dinge jetzt auch vielleicht nach Gesichtspunkten zusammenstellen, wie sie uns vorhin da die Kiste erklärt haben, also nach ganz bestimmten Voraussetzungen, die wichtig sind, damit die bestimmte Polarität noch entsteht?

Beuys: Ja, Polaritäten sind in gewisser Weise ja da, und zwar einfach in dem Sinn, daß man hier, bei den Knochen, ein sehr, sagen wir mal organisches Prinzip hat, was also mehr aus einem Wirbel entsteht. Während man hier, bei dem anderen Prinzip, etwas hat, was radial, und zwar nach allen Seiten hin – ich will nicht auf die spezielle Konzeption eingehen – gewisse Geometrieprinzipien hat. Bei dem einen ist also das Wirbelprinzip da, also ein organisches Wirbelprinzip, ja und bei dem anderen ist eine sehr starke mathematische, sagen wir mal Richtkraft in der Sache drin. Das ist auf jeden Fall eine wichtige Sache, daß man hier überall Winkelbezüge hat, die man in der Spirale ja nicht hat. Aber da beide Prinzipien wirken, sind natürlich auch da kristalline und Winkelbezüge drin. Erst sehen wir ja schon das Ding überhaupt als einen großen Winkel, eben eine Sache mit zwei Schenkeln, und wir haben eine symmetrische Konzeption. Das da ist natürlich im Verlauf der organischen Flüssigkeitsformen im einzelnen gebildet, wenn sie sich hier den Knochen ansehen, hier ist so eine Stelle. Das ist haargenau so, wie wenn sie zum Beispiel Milch aus der Dose rausgießen, die dreht sich ja auch so, da haben sie imgrunde nichts anderes als so was, also eine erstarrte Flüssigkeitsform. Aber im großen ist überall eine geometrische Konzeption in der Sache enthalten. Also beide Prinzipien wirken, nur ist bei dem das eine sehr stark allein da, und da wirken die beiden Prinzipien zusammen. Und in der Mitte sind auch schon Mischformen darin enthalten. In der Feinstruktur könnte man wahrscheinlich auch so eine kristalline Konzeption sehen, aber sie ist doch amorpher bei dieser Art von Kieselsäure, wie sie dazwischen liegt. Da ist sie in ih-

29 Turmalin

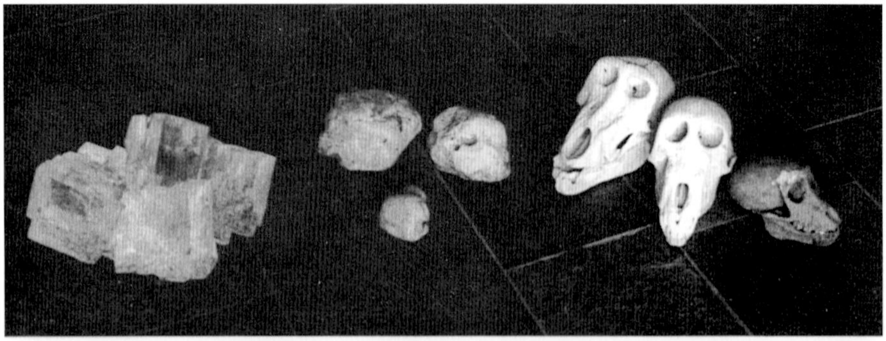

30 Reihung von Steinen und Knochen

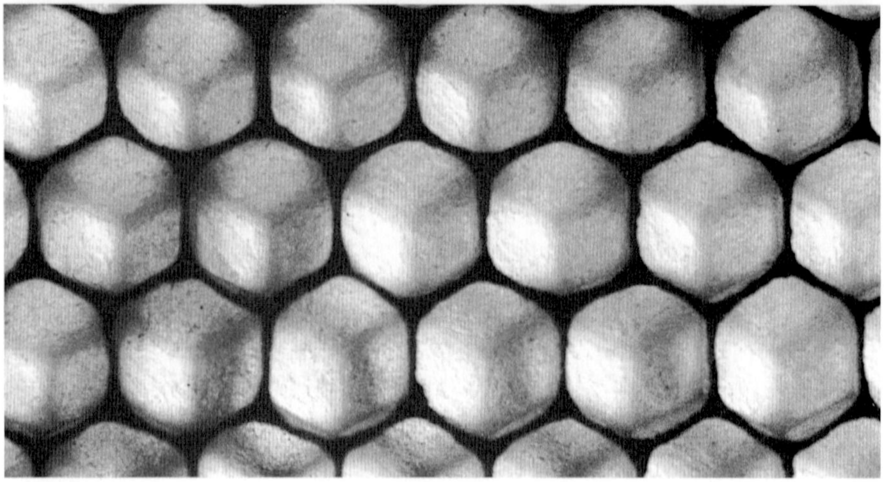

31 Zellen einer Bienenwabe

32 Vogelnest

rer rein, sagen wir mal mathematischen Konzeption vorhanden, und da ist sie eher in einer amorphen Form vorhanden, schon in Tendenz auf den Knochen zu. Also die liegen an sich schon ganz richtig so, die Steine, wie sie liegen. Und mir kam es jetzt nur darauf an, anzudeuten, daß ich immer einen großen Unterschied gemacht habe, ganz speziell auch für den Bildhauer, weniger für sagen wir einmal Erkenntnistheorie der Substanzen und der Herstellung und des Werdens von Formen überhaupt, eine gewisse Trennungslinie gezogen habe zwischen dem Begriff Plastik, den ich verbinde mit einem organischeren Arbeiten in einem flexiblen Material, das eigentlich von innen her gemacht werden muß, und einer Bildhauerei, die durch Wegnehmen von außen entsteht, die eher in dieser Richtung, da wo die Steine liegen, zu suchen ist.

Das Wachs wäre ja dann praktisch eigentlich eine Kopplung von diesen beiden.
Beuys: Eben. Das kann man auch noch dazutun, das könnte man jetzt richtigerweise hier hinlegen; und dann könnte man jetzt hier eine Linie ziehen.

Das ist ja interessant. Diese Wabe wird ja in der Struktur nur kristallin angelegt, ist aber als Ganzes rund. Die Wabe ist ja so rausgebrochen, wie sie entstanden ist, das heißt die Struktur ist eben kristallin und geometrisch, aber das Wachstum der Wabe geschieht, als ob es ein Organ wäre, in der runden Form, und wird ja auch immer rund bleiben; die natürliche Wabe hat ja immer diesen Kettenliniencharakter wie ein Bienenschwarm.
Beuys: Am tollsten ist es ja bei diesen Weiselzellen, die so, sagen wir mal ganz sackartigen Charakter haben, wo natürlich auch diese Kristallstruktur in der Wabe drin enthalten ist.

Das ist ja dann interessant, wenn man das Nest anschaut, das ist ja nun nicht von außen geworden, so wie die Bienenwabe ja auch nicht von außen geworden ist; es hat aber auch keine kristalline Struktur mehr in sich, sondern ist ein nach jeder Richtung hin rundes Gebilde, das anfängt, eine Art Innenraum zu schaffen, und die Substanz, aus der das gemacht wird, ist eben eine organische, keine kristalline mehr, die verfilzt.
Beuys: Ist ein Filz, ja, richtiger Filz. Das ist übrigens eine Decke und kein Filz, so 'ne alte Pferdedecke. Ja, diese Decken haben ja eine Gewebestruktur, aber immerhin, oben ist Filz, da hat sich etwas verfilzt, das ist klar.
Ja, und da ist natürlich wieder was ganz anderes (besieht eine Kupferplatte). Wie muß man das jetzt unterbringen?

Eigentlich mehr eine Art erstarrte Flüssigkeit, die in dieser Form, wie sie hier jetzt vorliegt, als Quadrat, eigentlich von außen abstrahiert ist. Man kann sagen, die Form des Festen ist symbolisiert in den vier rechten Winkeln und die Flüssigkeit stellt sich im Spiegel, in der Fläche dar, und beides kann verbunden werden, eben das Starre und das Flüssige, durch die Substantialität des Metalls.
Beuys: Ja, aber es ist auch, sagen wir mal grundsätzlich ein großer Unterschied da, denn alles, was sonst so hier liegt, ist ja kein Metall. Das einzige, was wir hier überhaupt an Metall haben, ist das Kupfer, weit und breit, hier das Holz, Teekannen, alles, Bodenbeläge, Steine an der Wand.

Aber das ist doch nicht mehr in dieser natürlichen Form wie das Holz, das ist bearbeitet!
Beuys: Ja, ist ein gewalztes Blech, das ist klar, das ist schon aus den Erzen heraus verhüttet, das ist richtig. Es gibt auch gediegenes Kupfer

in der Natur, aber sehr selten, in relativ kleinen Partikelchen. Also das Kupfer kommt in der Metallform auch in der Natur vor, aber sehr selten. Der Hauptbestandteil ist also an Erz gebunden, also in chemischen Verbindungen vorhanden.

Das kommt nicht eher so von pflanzlicher Struktur?
Beuys: Das Kupfer zeigt pflanzliche Struktur, wenn es gediegen gefunden wird. Dann kommt es in so Dendriten vor, so moosartigen Strukturierungen; Zinn übrigens auch, das hat auch diese, na eben die pflanzenartigen Sachen.

Man könnte auch eine Verbindung herstellen zwischen der Wabe und dem Kupfer, also der Funktion der Wabe und der Funktion, wie Kupfer heute angewendet wird, wärmeleitend. Die Wabe eigentlich als ein Umschließendes, eine Isolation also, für die Aufbewahrung von Honig oder von Brut.
Beuys: Also Kupfer ist gerade kein guter Wärmeschutz, sondern Kupfer ist, sagen wir ein ungeheurer Wärmeleiter, also leitet die Elektrizität und auch die Wärme sehr schnell. Die Koeffizienten für Wärmeleitung und Elektrizität sind ungefähr gleichartig. Also, wenn eine gute Wärmeleitung gegeben ist, ist auch immer eine gute Elektrizitätsleitung da, das läuft vollkommen gleichartig, ist natürlich nicht derselbe Zahlenwert, aber immer ganz proportional.

Nicht beim Glas.
Beuys: Glas ist ja auch kein Metall, ich spreche jetzt vom Metall. Während Wachs ein ganz guter Wärmeschutz ist, also die Wärme ganz schlecht leitet. Es muß sie erst einmal ganz, ganz langsam da hineinsetzen, und wenn die Wärme einmal drin ist, geht sie auch ganz, ganz langsam nur wieder heraus. Also wenn

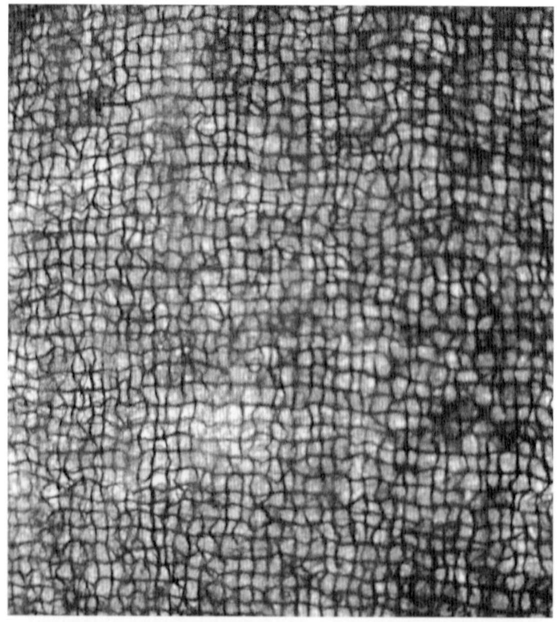

33 Struktur einer Wolldecke

34 Kupfer in pflanzlicher Struktur: Cuprodescloizit

man eine große Plastik macht aus Wachs – ich habe gelegentlich große gemacht –, dann dauert das erst mal sehr, sehr lange, bis sie erstarrt an der Oberfläche, ganz an der Oberfläche geht das ziemlich schnell, aber nur in einer dünnen Wand; aber innen bleibt es sehr lange flüssig, und es kann sein, daß man die Form viel zu früh aufmacht, und dann bricht das flüssige, das geschmolzene Wachs sofort wieder raus, wenn da keine Stütze mehr ist, um die dünne Wand zu halten. Und wenn das dann erst einmal so warm ist, dann dauert es auch wieder unendlich lange, bis es kalt wird. Ich habe jetzt eine große Plastik in Münster gemacht, da sind zwar nur Wachsbestandteile drin, hauptsächlich aber Talg. Das hat vier Monate gedauert, eh' die kalt war (lacht). Ja, vier Monate. Ich habe gesagt, die wird nie wieder kalt (lacht). Und dann haben wir eine Sonde eingebaut, da konnte man so jeden Tag einmal hingehen und gucken, es verschob sich aber nur ganz langsam. Ja, nach vier Monaten war die dann kalt. Und wenn sie einmal kalt ist, dann kriegt man sie auch sehr schlecht wieder warm (lacht). Dauert wieder vier Monate, eh' die warm ist.

Dafür brennt das dann, nicht?
Beuys: Ja, bei einem etwa gleichartig großen Kupferblock ist das anders. Kupfer läßt sich zwar sehr schlecht gießen, es bleibt immer spröde – deswegen mischt man es ja mit Zinn, das gibt dann Bronze, und die läßt sich sehr gut gießen. Aber das würde relativ schnell abkühlen, weil das Kupfer sehr schnell weiterleitet. Die äußere Schicht kühlt ab, das wird von innen sofort nachgeschoben. Das leitet die Wärme sehr gut, während diese wachs- und talg- und fetthaltigen Substanzen sehr lange die Wärme in sich behalten.

Deswegen werden die Kerzen ja auch gezogen, weil die dann immer Häute haben, die schnell abkühlen.
Beuys: Ja, und Filz ist Wärmeisolation, filzartige Stoffe sind sehr gute Wärmeisolatoren, weil sie in sich sehr viel Luft haben.

Ich finde eigentlich sehr wesentlich, daß bei Kupfer jetzt auch noch der Klang dazukommt, was bei den anderen Stoffen, am Stein, bei den Knochen und beim Wachs, noch nicht dabei ist.
Beuys: Ja, Stein hat auch einen Klang, wenn auch nicht diesen ausgesprochenen Klangcharakter.

Aber da ist es so: Wenn man Kupfer treibt, dann klingt es, und wenn man es erhitzt, nachdem es getrieben ist, geht der Klang weg.
Beuys: Weil es dann ganz weich wird.

In Umkehrung zum Stahl. Nach dem Erhitzen und der Abkühlung klingt er stärker.
Beuys: Beim Kupfer nicht, bei Kupfer und Nikkel nicht. Kupfer wird durch Einwirkung von pressenden Vorgängen am Metall hart. Und deswegen muß man mit dem Treiben dann aufhören, wenn es spröde wird. Dann wird es wieder erhitzt, dann verliert es seinen Klang, wird aber wieder butterig, weich, wachsartig könnte man fast sagen, also plastizierbar, aber dadurch geht wieder der Klang verloren. Eine gewisse Dichtigkeit, eine metallische Dichtigkeit ist Voraussetzung für den Klang. Ich meine, das ist klar, den Klang kann ich natürlich auch mit den anderen Sachen erzeugen, indem ich die Stoffe in eine bestimmte Kondition bringe. Ich kann Bergkristallstangen machen und ein Xylophon daraus machen, Glasklavier, wunderbar, aber dann muß ich irgendwie aus der Sache eine schwingbare Saite machen, wodurch ich Frequenzen erzeugen kann. Da muß man aber Bedingungen herstellen.

35 Joseph Beuys, Arbeit an »Unschlitt« in Münster, 1977

Das ist ja beim Kupfer auch nicht anders.

Beuys: Nein, wenn ich Konditionen für dieses Material herstelle wie beim Bergkristall oder beim Glas, dann ist es unter Umständen noch besser geeignet, Musikinstrumente daraus zu machen. Denn Kupfer hat einen relativ trägen Klang, eben aufgrund der Plastizität, die es hat, teigartige Substanzen. Während Bronze besser klingt, das ist eine Mischung, die macht das Ganze gießbar, die Sache wird dichter, gießt sich dichter usw. Kupfer ist schmiedbar, aber nicht gießbar. Wenn man Kupfer gießt, bleiben überall Luftlöcher; auch Silber ist schmiedbar, aber nicht gießbar. Silber, wenn man es gießt, ist alles Schwamm, spratzt, geht auseinander, verdichtet sich nicht mehr. Gold ist gießbar und schmiedbar, Eisen auch. Es ist sehr interessant, dem nachzugehen, warum das so ist.

Wo bei mir eigentlich, wenn ich mal so auf das Werk hingucke, doch das Wesentliche aufscheint, das ist, daß das irgendwie erprobt wird, innerlich, daß aber dann doch, um damit wirklich ein Kunstwerk zu machen – jetzt nicht im klassischen Sinn, sondern in dem Sinn, wie wir das heute morgen besprochen haben –,

36 Beuys teilt den Unschlittkeil mit glühendem Draht in Stücke

doch so was dazukommen muß wie auch eine Idee, die nicht darüber hingesponnen ist, sondern dann auch wirklich zur Sprache wird. Denn nur eine Anordnung ist es nicht nur; ihre Honigpumpe ist mehr als eine Anordnung, natürlich auch eine Anordnung.

Beuys: Ja, ich wehr' mich ja nicht dagegen. Ich habe nur ein ziemliches Mißtrauen gegenüber dem Begriff ›Kunstwerk‹.

Ja, ich auch. Das ist ja durchaus störend. Ganz am Anfang haben sie sogar selber von Kunst gesprochen.

Beuys: Ja, ich spreche nur von Kunst, aber in diesem Sinn.

Ja, ja, das meine ich auch, aber das Hingucken auf Steine und so, das kann ich nur als allgemeine Übung, Vorbereitung sehen.

Beuys: Ja, sie können es als Übung nehmen, bin ich einverstanden.

Aber was das Wesentliche ausmacht, ist doch dann auch die Verbindung zum Menschen.

Beuys: Ja, das ist doch die Verbindung zum Menschen. Zum Beispiel die Frage der Land-

37 Joseph Beuys, »Aktion Evolution«, 1965. Mit Schädeln und Zeichnungen führte Beuys seinen Kindern die Grundideen der Evolution vor Augen.

wirtschaft als Frage der Kunst. Das scheint ihnen ein absurd klingender Gedanke zu sein. Nein? Wenn nicht, dann hat die Landwirtschaft es imgrunde genommen nur mit dem Zeug zu tun, was da liegt: Die Bodenkrume ist prinzipiell Kalk, Kiesel, Tonerde, und dann kann man natürlich noch für Humus sorgen, für Durchlüftung sorgen usw. und kann dafür sorgen, daß keine Substanzen in die Erde hineinkommen, die diesen Prozeß da versauen, etwa Kunststoffe oder mineralische Salze usw. Die Landwirtschaft ist eine Frage der Kunst, für mich das Auseinandersetzen mit den Stoffen, das heißt nur, wenn man den Geist der Stoffe versteht, kann man imgrunde nur in der Landwirtschaft machen. Da kommen wir wieder zurück auf den Salatkopf, da sind überall diese Verbindungen zum Leben ja darin. Deswegen, ich habe nur einen, wie soll man sagen, einen Verdacht, daß sie immer so das Kunstwerk herausrücken wollen als so etwas: Das ist doch die Kunst!

Ich käm' ja nicht auf die Idee, ein Kunstwerk ins Museum zu tun, aber viele...

Beuys: Das ist ja verkehrt. Ein Kunstwerk können sie ja ins Museum tun. Jetzt drehen sie sich auf einmal wieder so rum, ins andere Extrem. Warum soll denn ein Kunstwerk nicht ins Museum (lacht, Gelächter)?

Das ist hier gut, das ist auch hier so richtig, trotzdem würden sie nicht internationale Bekanntheitsgrade davon haben; durch so eine Reihe nicht.
Beuys: Das weiß ich nicht, aber die Reihe hat sehr viel damit zu tun, mit diesem Bekanntheitsgrad, da ich diese Reihen ja schon öfter mal gemacht habe. In der Form würde ich's vielleicht nicht, also sagen wir mal jetzt über dieses Studieren hinaus machen. Ja, sie sehen aber, sie machen immer so eine Extratrennung, wo fängt das dann an mit dem Kunstwerk?

Ich frag' nur danach. Ich mach' die nicht.
Beuys: Na ja, auf jeden Fall werden sie doch zugeben, daß dieser Affenschädel da ein Kunstwerk ist. Zwar nicht vom Menschen gemacht, aber ein Kunstwerk, oder nicht? Ja, da sind wir doch schon an einer bestimmten Stelle. Dies ist ein Kunstwerk vom Menschen gemacht, und dies ist ein Kunstwerk nicht vom Menschen gemacht. Also, wer hat denn nun dieses Kunstwerk gemacht?

Ja, ich meine, das natürlichere wäre, da zwischen Naturwerk und Kunstwerk zu unterscheiden.
Beuys: Naturwerk? Ja, ich geh' ja weiter, ich geh' ja weiter.

Also Kunstwerk würde die Sache in dem Moment, wo ich sie mindestens erkennend nachvollziehe, denn das wäre nicht etwas, was eben ohne mich geschieht oder darüber hinaus: Wenn ich meinetwegen die Kiste mache oder die Reihe lege oder irgend etwas mache, was nur dadurch geschieht, daß das Menschliche daran beteiligt ist, oder das in die Einzelheit Getretene wieder in Zusammenhänge bringe, wie sie am Menschen selber anschaubar werden können, oder in der Gesamtheit der Welt oder vergleichbar...
Beuys: Ja, ja. Ich habe aber aus einem anderen Grund versucht, eine andere Methodik anzuwenden auf dieses Problem. Denn es stellt sich ja einfach die Frage, daß im Bestand der Welt etwas vorgegeben ist sozusagen. Ich finde es vom Standpunkt der Erkenntnistheorie wichtig, hier von Kunstwerk zu sprechen, weil es sich um eine Formgestalt handelt. Wenn man zu dem Ergebnis gekommen ist, daß die Verständigung zwischen Menschen ganz allgemein nur durch das Kunstwerk des Denkens und der Sprache vollziehbar ist – vorausgesetzt jetzt wie immer, daß man den Begriff der Skulptur oder der Kunst so stark erweitern will, daß man auf diesen anthropologischen Punkt kommt, wo Denken bereits eine Kreation und ein Kunstwerk ist, also plastischer Vorgang ist und fähig ist, eine bestimmte Form zu erzeugen, und sei es nur eine Schallwelle, die das Ohr des anderen erreicht –, wenn ich das also jetzt niederschreibe, gibt es in der Welt eine Form, die ist zweifellos vom Menschen gemacht. Aber wenn ich zum Fenster herausschaue, dann sehe ich einen Tannenbaum, ist auch nichts anderes als eine Form, und die ist nicht vom Menschen gemacht. Wenn ich den Begriff also radikal bis an diese Stelle erweitere und anthropologisch mache und den Kreativitätsbegriff schon im Denken ansetze, der fähig ist, Formen in der Welt zu bewirken, muß ich eigentlich auch sagen, daß es zu den Formen, die ich produziere, Parallelformen gibt, die nicht vom Menschen gemacht sind. Ich kann so weit zurückgehen wie ich will, ich kann bis in die Steinzeit zurückgehen und alles nebeneinander legen, wie da. Und ich

kann immer sagen, das ist vom Menschen gemacht – manchmal kann man schlecht unterscheiden bei diesen ganz primitiven Steinwerkzeugen, da haben sicherlich die einen oder anderen auch mal etwas genommen, so schon. Aber im allgemeinen kann man immer unterscheiden, das ist vom Menschen gemacht, das ist nicht vom Menschen gemacht. Und dann bin ich eigentlich berechtigt, von der Methodik her zu sagen, es gibt zweierlei Produktionen in der Welt, mit denen wir dauernd zusammenleben, einesteils diejenigen, die wir selbst gemacht haben, die sind ja meistens ziemlich viereckig, die Dinger, sieht man ja an den Häusern oder so, man sieht es durchaus, weil sie auch künstlich sind. Da ist eine Wurzel bei der Kunst, die auch etwas mit Künstlichkeit zu tun hat und dem, was so also an Kunstwerk sonst noch in der Gegend steht an Form. Anderenteils laufen da Schafe rum, Pferde laufen über die Straße, nicht vom Menschen gemacht (lacht). Ja, da liegt es, daß es nicht vom Menschen gemacht ist, das Kunstwerk. Also, ich meine nur, von dem Standpunkt aus fühle ich mich berechtigt, doch zu sagen, daß da doch irgendwelche Akteure am Werk waren. Denn wenn es nicht Menschen gemacht haben, müssen es doch irgendwelche Leute gemacht haben (lacht). Ja, richtige Vertreter müssen das gemacht haben.

Vielleicht hat's der Mensch ja auch gemacht, weil er nämlich nicht in diese Form gegangen ist, sondern das vielleicht eine Form des Menschen ist, die sich verfestigt.
Beuys: Aber selbst dann wäre es ja auch nicht so, daß das vom Menschen gemacht ist, denn der Mensch hat sich nicht selbst gemacht. Wie weit der Mensch mit seiner Eigenintention im Anfang dabei war, sich selbst zu machen, kann ich jetzt im Moment nicht entscheiden. Ich bin davon überzeugt, daß auch ein Kern von Eigeninitiative beim Menschen da war. Daß er sich irgendwie gemeldet hat: Ich will jetzt endlich gemacht werden (lacht). Ja, und: Ich mache jetzt hier mal einen kleinen Anfang, aber ich glaube, da haben dann doch noch andere Vertreter rummodelliert (lacht). Ja, also das ist außerhalb der Frage, nicht?

Aber das ist doch schon eine interessante Definition, die du jetzt gerade gegeben hast, daß man also jenes geistige Prinzip, durch das etwas entsteht, so streng nimmt, daß man eben sagen muß, ob jetzt da ein – man nennt das also gewöhnlich dann – Engel oder geistiges Wesen arbeitet oder ein Mensch als geistiges Wesen, ist prinzipiell eigentlich nicht unterschiedlich.
Beuys: Eben, das mein' ich: Es gibt tüchtige Mitarbeiter in der Welt, die viel mehr können unter Umständen als wir. Ich sage: unter Umständen, das muß mal überprüft werden, das ist ja erst mal gar nicht wichtig. Ich stelle nur einfach fest: Das ist nicht vom Menschen gemacht. Da ist er ja vielleicht so in dem Sinn, wie er [der Gesprächsteilnehmer] das da angeregt hat, wohl daran beteiligt, sicher, da ist er drin verwickelt, in dieses Problem, das ist zweifellos der Fall, aber er hat es nicht gemacht. Da waren noch andere Kooperateure da. Und ich finde, das kann gar nicht schaden, wenn man das wirklich mal auch erst personifiziert. Das wäre nicht ganz festgelegt, aber man spricht einfach von Mitarbeitern; kommt man auch ziemlich weit mit, finde ich. Daß man sagt: Ja, guck' mal, kannst dir doch nicht einbilden, daß du hier nur mit Menschen zu tun hast, es gibt auch noch andere Mitarbeiter. Die sprechen ja auch noch mit, oder?
Damit ist die Frage der Kunst eigentlich einer Frage der Schöpfungsprinzipien im Ganzen angegliedert, und das halte ich für sehr wichtig.

Und damit ist dann ja auch die Frage, die wir an der Kiste und an dem Fußboden erörterten, wieder deutlich, daß in dem Maße, wie die Dinge, die ich um mich herum selber mache, eigentlich der Genialität, mit der ich selber gemacht bin, widersprechen.

Die ›gute‹ Welt als Schöpfung des freien Menschen

Beuys: Ja, aber vielleicht nur in einer bestimmten Phase. Denn es könnte durchaus sein, wenn man nicht mehr in diesen räumlichen Verhältnissen lebt, in diesen zeitlichen, räumlichen Verhältnissen, die für die Erde oder für die Biographie des Menschen von Bestimmung sind, wenn man da hinausgeht, daß man dann an der Sache weiterarbeiten muß. Davon bin ich überzeugt. Deswegen ist mir das, sagen wir mal diese beiden Weisen des Bestandes der Welt in bezug auf Formen, so wichtig. Daß ich sage, das ist nicht vom Menschen gemacht, damit will ich nicht ausschließen, daß der Mensch darin nicht verwickelt ist, aber jedenfalls nicht in diesem Raum- und Zeitkontext, in dem wir hier auf der Erde leben, innerhalb der Biographie. Da kann man so etwas natürlich imitieren, es gibt ja sogar Bildhauer, die versuchen, so was zu imitieren, naturalistisch zu imitieren. Nicht, das ist klar, das kann man. Aber das: Der Affe ist nicht vom Menschen gemacht, das Pferd ist nicht vom Menschen gemacht – das ist er nicht. Es ist ein Ausdruck von vielen anderen Kräften, aber auf jeden Fall ist es ja ein Ausdruck, ein Abdruck usw.

Sie sagten eingangs, daß die Kunst in der Zukunft auch dahin führen könnte, daß damit nicht nur eine neue Kultur, sondern überhaupt etwas Neues geschaffen werden könnte. Wie verhindert man jetzt da in dieser vielleicht zukünftigen Kunst eine Beliebigkeit, also eine relativ verantwortungsfreie Belanglosigkeit, also daß man einfach eben nach freiem Gutdünken handelt. Wie bringt man da derartige Kriterien rein, daß die Welt eben auch, um's mal lieb zu sagen, eine gute wird oder eine vollkommene, in dem Grade, wie das ja auch mal ein Entwurf war und jetzt eigentlich in der Tatsächlichkeit vorliegt.

Beuys: Ja, ich glaube, indem man über den Zusammenhang der Begriffe nachdenkt, die nämlich mit den Sachen verknüpft sind, und der Gesetzmäßigkeit nachgeht, aber eingeschlossen der Gesetzmäßigkeit dessen, die mit der menschlichen Freiheit verbunden ist, eingeschlossen in dieser Gesetzmäßigkeit. Es sind ja alles nur halb aufgeschlossene Sachen, angefangene Sachen, die man jetzt hier so diskutiert; und das ist natürlich auch wieder eine viel zu kurze Antwort auf so eine Frage. Aber eines steht ja fest, wir leben in einer Zeit, in der die Freiheit selbstverständlich sehr oft als Willkür mißbraucht wird, das ist ja Tatbestand, und die Produktionen, die gegenwärtig erzeugt werden, die stammen weitgehend aus der Willkür und noch nicht aus der Freiheit. Freiheit kann sehr leicht Willkür sein. Das ist klar, das wäre dann aber mißverstandene Freiheit.

Also noch einmal einfach formuliert: ›Freiheit von‹ fordert dann ja auch ›Freiheit zu‹ oder ›Freiheit für‹. Und wie ist denn dies jetzt? Wie wird denn das so, daß dann die Zukunft auch mal zu etwas Vernünftigem wird, so wie jetzt diese Welt, durch die ›Mitarbeiter‹ geformt, auch zu etwas Brauchbarem geworden ist? Wie erreicht man das?

Beuys: Ja, indem man das studiert, glaube ich. Indem man dem nachgeht und fragt, woher das kommt. Das ist ja meines Erachtens diese Diskussion, in der wir uns befinden. Indem man einfach mal dem nachgeht, also den Phänomenen nachgeht und sie zurückverfolgt. Da stößt man natürlich überall auf Schwellen und Schwierigkeiten. Aber wenn man nicht nachläßt, dann wird man sie durchbrechen, und man wird die Erkenntnis ausdehnen und schon die Regelbegriffe bekommen, die den Begriff der Freiheit wirklich füllen mit dem, was Freiheit meint. Nämlich imgrunde nur: Die Welt schaffen. Freiheit ist ja was Positives, ein Produktionsbegriff, ist ja keine Willkür, ist ja keine, sagen wir mal Entlastung von Verantwortung. Im Gegenteil, der Begriff der Freiheit lastet ja dem Menschen die ganze Verantwortung auf, das heißt doch eigentlich: Mit dem Begriff der Freiheit ist ausgesprochen, daß jetzt nicht mehr andere für den Menschen alles mögliche machen, sondern daß es der Mensch jetzt selbst aus seiner Freiheit und Verantwortung machen muß. Nicht, das heißt es doch, jetzt radikal ausgesprochen? Und das lastet den Menschen doch vor allen Dingen die Verantwortung auf, in diesem Begriff die Notwendigkeitscharaktere zu erkennen, und nicht, daß man sagt: So, aha, Freiheit, jetzt kann ich tun und lassen, was ich will, jetzt kann ich machen, was ich will. Das wäre dann richtig, wenn es Menschen gäbe, die guten Willens sind; das ist ja auch das schöne Wort. Das heißt, der gute Wille teilt nicht die Menschen ein in Menschen, die guten Willens sind und nicht guten Willens sind, sondern der gute Wille ist etwas, was in jedem Menschen möglich ist. Der gute Wille ist aber notwendig, damit die Freiheit gefüllt ist mit ihrer Möglichkeit, mit Eigenverantwortung am Mitgestalten der Welt oder einer zukünftigen Gestalt der Menschheit und der Welt zu arbeiten. Dazu ist der gute Wille nötig. Das wird ja leicht mißverstanden. Da sagt man: Aha, also nur die guten Willens sind, und die anderen? Nein, das ist ja völlig mißverstanden. Der gute Wille ist ja ein Teil des Schöpfungsaktes. Denn das freie Denken ist ohne die Anheizung durch den Willen, das heißt durch die Stimulation, durch den aktiven Willen gar nicht präsent. Also das Willenselement ist mit dem Denken verbunden als eine Einheit, als ein Aktivum. Und dazu braucht es die Verbindung von Denken und Willen. Dann erlebt der Mensch sich selbst in seiner Tätigkeit als frei und eigenständig im Produktionsprozeß. Und dann werden aber gleich mitgeliefert die, ja, man könnte sagen die Kriterien, die Maßstäbe und letztendlich auch die Moralitäten. Nicht wie von außen aufgesetzt, sondern es liegt in der Sache des freien Menschen darin, wenn er das praktiziert im Sinn des guten Willens, in jeder Art, grundsätzlich. Alle haben guten Willen.

Dann gibt's aber auch einen bösen Willen.
Beuys: Aber zunächst nicht beim Menschen, das will ich nicht sagen. Der Mensch ist gerade nicht von vornherein böse. Aber er kann unter Kräftekonstellationen geraten und sie auch selbst mit befördern, selbstverständlich, davon soll er nie entschuldigt werden, alles klar; aber das gibt mir nicht die Veranlassung, die Menschen einzuteilen in solche, die bösen Willen oder guten Willen haben. Das will ich nicht sagen, da bin ich nicht dafür verantwortlich, jedenfalls nicht dafür zuständig (lacht). Das ist jedenfalls nicht meine Methodik. Nicht, da kann ich auch jetzt zunächst keine Aussage machen.

Man müßte dann aber sich selbst gegenüber Rechenschaft ablegen können, inwieweit man eben die Zukunft verantwortungsbewußt mitträgt, inwieweit dieser gute Wille wirklich derart entwickelt ist, daß man auch eingreifen kann. Denn wenn man etwas neu schaffen will, muß man ja eingreifen in das Gewordene, und das kann ja auch schlecht werden.

Beuys: Ja, das macht ja nichts, wenn man den guten Willen hat. Wir haben ja schon festgestellt, daß nichts wichtiger ist als der Fehler und daß nichts schlechter ist, als sich dauernd zurückzuhalten vom Fehler-Machen, dauernd sagen: Aha, erst mal das, und dann später, dann werd' ich das machen, wenn ich alles weiß. Dann werde ich nämlich nie etwas wissen. Ich muß mich hineinbegeben, ich muß reinspringen; schwimmen lernt man nur im Wasser. Hinein, und dann lernt man das und dann macht man Fehler, und dann führt der Fehler einen schon auf die Korrektur, oder man holt sich die Lehrer, die Menschen, die viel Erfahrung haben, man läßt sich beraten, man spricht mit anderen Menschen, und das ist ja das Lehrer- und Schülerverhältnis zwischen Menschen überhaupt: Daß man da einfach im Arbeiten selbst, im Fehler-Machen selbst, in den Mißerfolgen die Mißerfolge wieder umstellt auf Besseres. Wenn man eine Leitlinie hat in der Grundidee, die in der Idee der Freiheit ja enthalten ist, dann wird man das ja auch können, dann wird man das können. Dann wird man das erst einmal verbessern, was schlecht ist, und dann wird man es ganz umstellen, zu einem anderen, nicht zu einem Perfekten, aber, sagen wir zu einem Wiederendgültigen. Aber lassen sie uns nicht zu weit in die Zukunft vorgreifen. Ich würde immer empfehlen, nicht weiter als fünfhundert Jahre in die Zukunft zu sehen (lacht anhaltend).

II. Kunst an der ›Schwelle‹

Nach den Künstler-Ideen zur Kunst von Kandinsky, Malewitsch, Mondrian oder Klee dürfte kaum noch ein Kunstbegriff von solcher Größe entwickelt worden sein, wie ihn Joseph Beuys hier und an anderer Stelle darstellt. Seine Art, auf das Schöpferische im Menschen und in der Welt zu schauen, diese umfassende Idee von Kunst, muß in diesem Jahrhundert im Zusammenhang gesehen werden mit den Ideen der oben genannten und mit den Ideen Rudolf Steiners, auf die sich Beuys in all seinem Denken immer wieder bezieht. Wie tief Beuys im Strom der Tradition der Kunst selbst drinsteht, zeigt sein Werk vom ersten bis zum letzten Augenblick: das Büdericher Ehrenmal, die Art, wie Beuys hier im Gespräch auf die Kiste eingeht, und der »Palazzo Regale« im Nationalmuseum in Neapel, im Palazzo Capodimonte (1985).

Zugleich setzt er sich mit einer Entschiedenheit vom traditionellen Begriff der Kunst und des Künstlers ab, die Erstaunen macht. Michael Ende gegenüber sprach er am 8. Februar 1985 in den wüstesten Ausdrücken vom »Künstler«, »...der doch alles verhindert, der die Umwelt verschmutzt, natürlich nicht, weil er Klavier spielt, sondern weil er es versäumt, auch noch darüber nachzudenken, was an der Schwelle passiert mit seiner Kunst... Jenseits der Schwelle wird vom Menschen mehr gefordert. Da wird gefordert, daß zu dem, was erworben ist in der Geschichte an Begrifflichkeit für die Kunst, noch eine weitere Disziplin dazukommt, die alles andere umfaßt, die quasi die Plazenta des Lebewesens des sozialen Organismus ist... Das Schönste vom Schönen muß doch erst erreicht werden: der soziale Organismus als Lebewesen in seiner Freiheitsgestalt und als die große Errungenschaft einer Kultur jenseits der Moderne...«. Die »Schwelle« ist hier nicht nur das Tor des Todes, sondern der Moment, in dem sich die aus der Vergangenheit kommenden und in die Zukunft des »Sonnenstaates« führenden Linien kreuzen – siehe Diagramm »Evolution«. Im Zeitalter Aristoteles' entwuchs die Menschheit dem mythischen Erleben und schritt zu einem wissenschaftlichen fort. Heute dagegen verläßt die Wissenschaft den Sinnesraum und betritt unter Zerstörung der Sinneswelt eine »untersinnliche Welt« (Rudolf Steiner). Aber im Anschluß an Goethe und Fichte eröffnet sich an dieser Todesschwelle der wissenschaftlich exakte Blick auf die Wirklichkeit.

Im Kontext der uns überkommenen Kunstgeschichte sehe ich seinen eigenen Ansatz besonders in folgendem: So hochgradig bewußt er die Form einsetzt, so sublim er Farbe verwendet, sein Umgang mit Substanz unterscheidet ihn von allen anderen Künstlern.

Wie der Materialismus nach dem sucht, was allen Materiekonkretionen und Sinneserscheinungen zugrunde liegt, und es in den stärkeren oder schwächeren »Wechselwirkungen« beschreibt, so fragt Beuys nach den »Substanzprozessen« und »Kräftekonstellationen«, die der Gestaltentstehung und Gestalterscheinung der Naturreiche bis hinauf zum Menschen, der menschlichen Konstellationen und der Kulturgeschichte, schließlich der sozialen Prozesse und der Erkenntnisprozesse selbst zugrunde liegen. In sein Fragen bezieht er mit Selbstverständlichkeit auch die nichtsinnlichen Bereiche ein, wie er es schon 1965 in seinem Teil der »24-Stunden«-Aktion der Galerie Parnaß in Wuppertal darstellte.[3]

PAN
Leben nach dem Tode XXX
Überzeit †††
Gegenraum
↑
Wärme ← irdisches Leben → Kälte
↓
Raum
Zeit
Tod

Die morgendliche Eingebung, die er im Gespräch mitteilt, und die er dahingehend interpretiert, daß es darum gehe, von der Grenzlinie zwischen dem Leben hier und dem Leben jenseits der Todesschwelle – vom Zusammenleben mit den dortigen »Mitarbeitern« – zu wissen und auch zu wissen, daß sie gut bewacht ist, ist also nicht nur der mögliche Vorwurf einer künftigen Arbeit, sondern zugleich der Mythos seines Lebens und seiner Geschichtsauffassung.

Im Lauf seiner Biographie hat er, das sprach er manchmal aus, wiederholt durch das Tor des Todes geschaut. Im Stuka-Absturz über der Krim während des Krieges begegnete er nicht nur dem Tod, sondern auch, zu normalem Bewußtsein zurückgekehrt – aber zugleich wie in eine frühere Inkarnation versetzt –, einer uralten Kulturtradition, für die der Umgang mit Mythos und Substanz einen völlig anderen Stellenwert hat als in unserer technisierten Gegenwart. In einem Gespräch, das Hans van der Grinten mit Beuys am 7. Dezember 1970 führte, heißt es unter anderem: Der mythische Strom »sollte leben als ein Teil des selbstbewußten, freien Menschen… In das moderne selbstbewußte Denken des freien Individuums müßte das Mythische gewandelt integriert werden, in das, was heute gesagt, getan, geschaffen wird…«

Es »kommt nicht jeder Gedanke zu unmittelbarer Wirksamkeit. Vieles wird – oft für lange Zeit – abgewiesen; ein Vorgang, den man mit dem positivistischen Wissenschaftsbegriff rational kaum fassen kann. Daraus ist für mich zu schließen, daß es außer dem Menschen noch andere Akteure gibt, die einer gedachten Sache den Vortritt lassen können, weil sie sozusagen an der Reihe ist. Eine Weltlenkung… als Kooperative zur menschlichen Initiative, die bestimmte Impulse nach vorn läßt, andere Ideen zurückhält.« Es wird »das Abgewiesene in Zukunft wieder aktualisiert… Hinzu kommt der Gedanke, daß man durchaus an Vergangenem selbst als Person beteiligt gewesen sein kann. Die Lehre der Reinkarnation ist ja überzeugt von der nicht nur einmaligen, sondern öfteren Teilnahme des Menschen am geschichtlichen Prozeß… Das Ich tritt in eine neue Beziehung zum römischen Feldherrn X, zum Bataverfürsten Y, zu den Märschen und Kämpfen.«

Für ihn also gewinnt jene mythische Welt, der er bei den Tartaren begegnete, für sein Tun in der Gegenwart eine »Provokatorfunktion«. »Ich setze… dieser positivistischen Kultur zunächst einmal ein Bild gegenüber von einer Welt, die nach der herrschenden Meinung überholt ist. Meines Erachtens ist sie nicht überholt, sie wird sogar etwas Hochaktuelles, wenn man sich ihr auf dem richtigen Weg nähert. Auch die etablierte Ordnung bietet mit ihren exakten naturwissenschaftlichen Forschungsmethoden durchaus Wege. Ich war nie der Meinung, unser zivilisatorischer Stand sei negativ zu beurteilen. Ich wende mich zwar zurück, gehe zurück, suche ebenso das Existierende zu erweitern, indem ich es nach vorne durchbreche. Auf

diese Weise werden alte mythische Inhalte aktuell.«[4]
In der Mitte der fünfziger Jahre wird er, scheinbar ohne äußeren Anlaß, in einen Zustand krankhafter Antriebslosigkeit versetzt, in dem er mit seinem Willen nicht mehr recht in seine Glieder kommt. In äußersten Momenten fühlt er sich wie entrückt, erlebt sich außerhalb des Leibes, sieht seinen Leib wie abgelegt unter sich liegen. Aber er kann später sagen: »Die Schizophrenie von übersinnlicher Gegebenheit und physischer Gegebenheit, die haben wir dann überwunden und können eine neue Kulturepoche ansteuern, oder: Wir haben eine neue ›Kulturepoche‹«[5] – so mitgeteilt vom Kölner Galeristen Helmut Rywelski. Seine Möglichkeit, sich mythischen oder eigenen Schwellenerlebnissen mit voller Verstandeskraft zu nähern, nimmt er aus den geisteswissenschaftlichen Darstellungen Rudolf Steiners, denen er nicht kritiklos folgt, sondern für die er eigene Wahrnehmungsinhalte hat und für die ihm Rudolf Steiners Begriffe adäquat erscheinen.
Die Schwelle, an die er sich nach diesen Erlebnissen konsequent begibt, ist die der Materie, des Stoffes, der Substanzen. Im Umgang mit den Substanzen galt für ihn nicht die Aussage von Hobbes, die für unsere ganze neuere Zeit Gültigkeit bekam: »Eine Sache erkennen heißt: to imagine, what we can do with it, when we have it.« Angesichts des Stoffes, der der natürlichen Form entledigt ist, gilt es ihm, vor der Substanz so lange zu verharren, bis sie anfängt ihm zuzusprechen, welcher Wille in ihr wirkt. Hier gilt sein Satz: »Glauben Sie immer noch, daß die Wahrheit nur erfaßt und nicht erzeugt wird?«
Das Gespräch ist selbst ein Hinweis auf Beuys' Begriff von Kunst. Er führt den Mitdenkenden erst zu einer Kunstauffassung, die er ja gewöhnlich gar nicht hat. Es bringt ihn und seine Begrifflichkeit in lebendige Bewegung. Es lehrt ihm Unbefangenheit im Anschauen, In-Frage-Stellen gewohnter, nicht mehr befragter Vorstellungen (Ziegelwand, Fußbodenplatten), es lehrt ihn, sich darzustellen und sich korrigieren zu lassen. Es lehrt das Hinhören auf die Sache selbst, und es lehrt zu fragen, ob sie schon mit sich identisch sei oder nicht. Es lehrt ihn, Notwendiges und Schnörkel zu unterscheiden. Es lehrt ihn Unbefangenheit, es lehrt ihn, wie Goethe sagt: Ideen wagen. Es lockt aus der Ecke hervor, in der man sitzt, bringt in Bewegung, chaotisiert auch einmal die einst oder eben erst gefaßten Vorstellungen und führt sie vorsichtig in neue Formen. Langsam wagt man sich auf die gezeigte Spur »jenseits der Schwelle« und schaut von dort auf das bisher Gemeinte zurück. Es ist nicht falsch, es war nur einseitig. Jetzt geht es darum, auf beiden Ufern zugleich wohnen zu lernen. Das ist schwierig, auch wenn man es gern möchte. Macht es Beuys vor?
Es scheint mir nicht zufällig, daß er Künstler im klassischen Sinn war, nicht Schuhverkäufer oder Chemotechniker mit 38,5 Stunden Arbeitszeit pro Woche. In diesem Beruf hatte er die Möglichkeit, Ungewohntes zu wagen. Und die Zeichnungen, die er machte, ehe die schwere Krise Mitte der fünfziger Jahre eintrat, sind durchaus im klassischen Sinn rezipierbar, wenn auch die Inhalte ungewöhnlich sind, wie etwa diejenigen Blakes.
Er verlagert aber offenbar seinen inneren Schwerpunkt in dieser Zeit. Oder er weitet die Welt, in der er sich zu Hause fühlt, aus in die Welt vor der Geburt und nach dem Tode. Das sprach auch Klee schon aus: »Diesseitig bin ich gar nicht faßbar. Ich wohne gerade so gut bei den Toten wie bei den Ungeborenen.« Und er fügt hinzu: »Ein wenig näher dem Herzen der Schöpfung als üblich, aber noch lange nicht

nahe genug.« Wie sich das real in Klees Kunst zeigt, wird noch darzustellen sein. Bei Beuys zeigt es sich im »erweiterten Kunstbegriff« und im Handeln, das dem entspricht. Auch seine Kunst trägt das Signum seines Weges. Es ist der Weg aus der Allgemeinverständlichkeit in die eigene Sprache. Sie entsteht, indem er das literarisch Rezipierbare konsequent wegläßt oder doch auf eine Weise einbezieht, die sich dem schnell verstehenden Zugriff verweigert. Vor der reinen Qualität, vor der Substanz als Substanz, das heißt vor der begriffsfernen Wahrnehmung, fliehen wir gewöhnlich, weil wir es nicht aushalten, dieser Stütze entbehrend unser Selbstbewußtsein zu behaupten.

In diesem Sinn vollzog er auch seine Aktionen, die teils wie ein Ritus, teils wie ein Theaterstück abliefen. Sofern sie stumm geschahen – und die meisten geschahen stumm –, stellen sie sich dem Erscheinungsbild nach in die Nähe von magischen oder Kultus-Handlungen. In quasirituellen Handlungen konstellierte er symbolische Gegenstände und handhabte Substanzen. Aber er augurierte damit nicht magische Prozesse, sondern wies in dieser averbalen Symbolsprache, die er äußerst konzentriert sprach, auf das Bedeutungsvolle des Gehandhabten hin. Jede Haltung und Handlung, jede Raumbewegung und jedes Element wurde wichtig und nur verstehbar in eben dem Sinn, auf den oben, bei den Substanzen, hingewiesen wurde und in dem die nachfolgenden Übungen durchgeführt werden. Könnte so jedes menschliche Tun gesteigert werden? Könnte so alles Händebewegen und Raumdurchmessen, alles Gegenständliche und seine Form, jede Substanz und ihre Qualität bedeutungsvoll werden, das heißt in einen Zusammenhang mit dem »Überzeitlichen« und »Gegenräumlichen« treten, und auch in dieser Weise der Kunstbegriff grenzenlos erweitert werden?

Wo es (noch) nicht verstanden werden kann, kann zumindest Beuys' eigene Haltung als wahrhaftig empfunden werden. Daß das Unverständnis den Unverstandenen und das Unverstandene gerne der Lächerlichkeit preisgibt, das ist naheliegend aus der Arroganz des »aufgeklärten« Zeitgenossen, der damit sich selbst als den eigentlich Klugen darstellen kann. Das Unverständnis einzugestehen, scheint schwerer, als die von Beuys ausgesprochene Dimension dieser Welt probeweise anzuerkennen. Und eben dieses Probieren ist es, das einen Mut erfordert, wie ihn schon Platon für die »Umwendung der ganzen Seele« (Höhlengleichnis) für erforderlich ansah, weil man sich zunächst in einen Daseinsraum begeben muß, für den die Worte und Begriffe anfangs fehlen. Soll die Sache sprechen, so muß ich *ihre* Sprache lernen und nicht meinen, daß – wenn sie auf das 1 × 1 des Aufklärers nicht eingeht – sie auch inhaltslos oder gar irre sei.

Wie gesagt, der Inhalt unseres Gesprächs wird hier nicht analysiert und systematisiert, aber die Kolumnentitel sollen es dem Leser leicht machen, den Gang des Gesprächs auch im einzelnen zu überschauen. Ich greife Beuys' Anregung hier so auf, daß ich den Substanzprozessen und Kräftekonstellationen nachgehe, die mit dem Fett, dem Wasser, der Farbe und den Absterbevorgängen zu tun haben.

Wer solche Übungen durchführt, durch die zunächst einmal die geduldigen Substanzen seiner Umgebung zu ihm zu sprechen beginnen, wird mehr und mehr auch den Blick auf die soziale Skulptur, auf die soziale Plastik freibekommen. Die dargestellten Übungen wollen dem Leser Anregung geben, selbst in Bewegung zu kommen, sich selbst in Bewegung zu bringen angesichts der Dinge der Welt, die als Prozesse erfahren werden, die unsere inneren

Bewegungen selbst wiederum in bestimmte Richtungen lenken. Das die äußeren Dinge und Phänomene Gestaltende wird zum Gestalter unseres Denkens. Die Welt denkt sich, findet sich und erfindet sich in uns.

So sei das Buch dem Leser gewidmet, der seinen Standpunkt zu verlassen und sich in Bewegung zu bringen bereit ist und Prozesse und ihre geistig kreative Wahrnehmung realer findet als Dinge oder Systeme.

Formgestaltung und Substanz
Vier Übungen

Fett-Entstehung

»Wahrnehmung für die
innere Substanz der
Dinge kann nur durch
Übung gewonnen werden.«
(J. Beuys)[6]

Eingedenk des Haupt-Mottos: »Die wichtigste Diskussion hat erkenntnistheoretischen Charakter«, wird hier die Entstehung des Pflanzensprosses bis zum Fettentstehungsprozeß dargestellt. Diese Darstellung hat erkenntnistheoretischen Charakter und beleuchtet zugleich Beuys' Begriff der »Antinaturwissenschaft«.[7]
Auf die Frage: »Wie ist Ihre Stellung zur Kunst überhaupt?«, antwortet Beuys: »Meine Stellung zur Kunst ist gut. Meine Stellung zur Antikunst ebenfalls. Wir brauchen beide Methoden... Kunst schließt Kunst und Antikunst ein. Der Ausdruck bildete sich, sobald Musiker, Maler, Dichter Übergriffe auf Außerkünstlerisches gemacht hatten (Schwitters). Für mich: Raum und der bisher erarbeitete unzureichende und verschwommene Zeitbegriff – unser Leben zwischen Geburt und Tod ruft auf zur Erforschung von Gegenraum-Wärme-Zeit –, unsterblicher Wesenskern des Menschen, Leben nach dem Tod. Von der Einsicht in diesen Zusammenhang (Antikunst) hängt es ab, ob wir zuverlässige Kontrollmöglichkeiten und Maßstäbe bekommen über das, was wir in Raum und Zeit machen... So muß zur Mathematik Antimathematik, zur Physik Antiphysik, zur Chemie Antichemie erkannt werden. Zukünftige Naturwissenschaft wird auch ohne Antinaturwissenschaft nicht mehr weiterkommen... Insofern wir im Nichtmateriellen leben,... haben wir es zu tun mit Antimathematik, Antiphysik, Antichemie usw.«
Wie für Beuys zum Leben zwischen Geburt und Tod als ergänzende Begriffe »Unsterblicher Wesenskern des Menschen« und »Leben nach dem Tode« gehören, so gehört zum Begriff Naturwissenschaft die Antinaturwissenschaft als die Wissenschaft vom »Nichtmateriellen«, also die Geisteswissenschaft (nicht im Sinn der reflektorischen Kulturwissenschaften wie Literaturwissenschaft oder Geschichte, sondern im Sinn der Erforschung des »Immateriellen«, der geistigen Wirklichkeit, wie Rudolf Steiner sie, dem wissenschaftlichen Bewußtsein gemäß, handhabte). Beuys hat sich seit seinen zwanziger Jahren intensiv mit der anthroposophischen Geisteswissenschaft beschäftigt. Deren Entscheidendes ist nicht, Lehrinhalte zu verkünden, die zur Ideologie und Dogmatik führen könnten. Letzteres tritt immer nur dort auf, wo geistiges Erbe von gesellschaftlichen Gruppen vereinnahmt und zum Machtanspruch gebraucht wird und wo es folgerichtig auch zum »anathema sit« oder zum Parteiausschluß kommt. Anthroposophie baut auf Erkenntnistheorie auf und zeigt Methoden, die zu verschiedenen Erkenntnisstufen führen. Daß sich diese Methoden als fruchtbar erweisen, insofern sie durch sach- und wesensgemäße Wahrnehmung von Zusammenhängen zu einem Tun führen, das menschen- und naturgemäß ist, ist eine Frucht der Arbeit dessen, der sich auf diesen Weg begibt. Indem er die Arbeit in der Sinnenwelt durch die Erfahrung in der Geisteswelt

befruchtet, rechtfertigt er den Weg und die Methode. Früchte anthroposophischer Arbeit sind heute so weitgehend bekannt, daß sie nicht mehr genannt zu werden brauchen. Anerkennung diesen Früchten gegenüber kann nur versagen, wer sie nicht will, aber nicht, wer mit den Methoden der Wissenschaft an sie herangeht. Da letzteres weniger geschieht als es möglich wäre, soll hier an einem Beispiel »Antinaturwissenschaft« beschrieben werden. »Anti« hier auf keinen Fall im Sinn einer – nur aus irrationaler Mystik möglichen – Gegnerschaft, sondern so, wie Beuys meint, daß zur Beschreibung eines Naturzusammenhangs nicht ausschließlich *ein* wissenschaftliches System verwendet werden darf. Kants Diktum, daß in der Naturwissenschaft nur so viel Wissenschaft sei wie Mathematik darin sei, ist ein Befehl, kein notwendiger Gedanke. Wer diesem Befehl gehorcht, verläßt die Möglichkeiten des Denkens und unterwirft sich fremdem Wollen. Welche geschichtlichen Konsequenzen das hat, hat man im politischen Feld bisher sehr viel deutlicher als in dem der Natur- und Lebenszusammenhänge bemerkt. Seit Tschernobyl könnten die Augen geöffnet sein.
Wir wollen uns bemühen, anhand der Beobachtung der Pflanze Erkenntnisebenen zu beschreiben.

Wer von einem, der mit einem Krug voll Himbeeren aus dem Wald heimkehrt, hört: »Aber es gab so viele Brennesseln ...«, der wird unbestimmt, vage, irgendwie eine Empfindung haben, wie Brennesseln brennen, sich vielleicht auch erinnern, wie er selbst einmal durch einen Schlag Brennesseln hindurch wollte, als er Himbeeren pflückte, und wie sie trotz Vorsicht brannten, wie hoch sie waren, wie sie rochen, als er sie mit der Außenkante des Schuhs vorsichtig beiseite zu drücken versuchte usw. Fragt man, nachdem die dumpfe Empfindung und die Situationserinnerung schon da war: Wie sieht eine Brennessel aus?, so wird er aus dem erinnerten Brennesselfeld eine Brennessel herauserinnern und diese gürtelhohe, rauh brennhaarige, intensiv grüne, oben ganz schlank werdende Pflanze vor sich haben; sie ist vielleicht in blühendem Zustand, das heißt aus den Achseln der oberen Blätter hängen kleine grünliche Träubchen heraus – sind das die Blüten? oder die Früchte? Nur wenige werden sich an den heißen, windstillen Sommervormittag erinnern, als aus den Pollensäckchen der männlichen Pflanzen – die Brennessel ist zweihäusig, also männliche und weibliche Blüten auf verschiedene Pflanzen verteilt – plötzlich und lautlos ein Wölkchen herausexplodierte, das sich dann bald in der Luft verflüchtigte: Abertausende Staubkörnchen waren aus der Anthere herausgeschleudert worden, als ihr Kohäsionsmechanismus die trockene Kapsel aufriß. Weiter: Wie sieht ein Brennesselblatt aus?

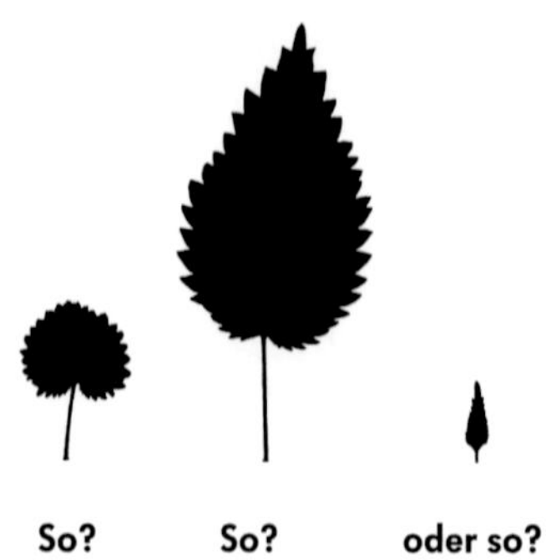

38 Drei Blätter der Brennessel, bodennahes Blatt, typische Form, Hochblatt

Natürlich wie das mittlere! Natürlich? Auch die beiden anderen Blätter sind von der Brennessel. Das linke wuchs in Bodennähe, das rechte oben am Sproß. In Erinnerung hatten wir also das *typische Blatt,* die charakteristische Form. Halten wir das fest, daß es das gibt: die *typische Form,* die ich sowohl an der klein gebliebenen Pflanze eines ausgetrockneten Platzes finde wie an der mannshoch gewachsenen auf der Böschung eines Abwasserbaches.

Wie geht nun die Gegenwartsbiologie vor, wenn sie eine Pflanze wie die Brennessel vor sich hat? Sie beschreibt alle Einzelheiten der Wuchsform, vorherrschende Standorte, Verbreitungsgebiet, technischen und pharmazeutischen Nutzen. Sie kann mit dem Mikroskop ins Innere dringen, die Gewebe darstellen, den Saft der Brennhaare analysieren, sie kann eine Genkarte anlegen. Alles dies sind sammelnde Vorgänge im Sinn des Positivismus, dem zunächst – ohne Urteil – alles gleichviel gilt, der einen Katalog des Gefundenen herstellt. Sie kann dann beobachten, welche äußeren Einflüsse zu welchen Veränderungen in Wuchsform oder Struktur führen und ähnliches. Allgemeiner werdend kann sie die Brennessel in das System der Pflanzen einordnen, könnte damit im Zusammenhang nach der Entstehung der Brennnessel fragen, würde auf Genstrukturen und Mutationen kommen, auf Chemisches, und würde physikalisch weiterfragen.

Sie würde in eine ganz andere Richtung gehen als die, die ich mit dem Begriff ›typische Form‹ bezeichnete und die jedermann sofort unhinterfragt plausibel ist: der Begriff für eine Ganzheit, in der sich nicht nur alle Erscheinungen dieser einzelnen Pflanze zur Einheit zusammenfügen, sondern auch alle Pflanzen einer Art, und zwar alle schon gewesenen und auch alle noch kommenden, die also mehr ist als die Summe ihrer Teile. ›Brennessel‹ ist ein Begriff, mit dem ich noch nicht gesehene Gestalten vorstellen, also denkend hervorbringen kann. Man nennt solche dynamischen Begriffe Ideen. Mit einer Idee in diesem Sinn wird ein bestimmter Teil der Welt als Ganzheit beschreibbar. In der Physik gibt es vergleichbares nicht. Erst das ganze Universum ist eine vergleichbare Einheit oder Ganzheit. So versuchte Heisenberg in seinem letzten Lebensjahrzehnt, eine »einheitliche Theorie der Materie« – volkstümlich Weltformel genannt – zu formulieren, also eine Idee, unter der alle physikalischen Erscheinungen erklärt, das heißt als bestimmte Ausformungen der einen Idee gedacht werden können, wie Goethe alle Pflanzen als bestimmte Ausformungen einer sie alle tragenden Idee dachte, die er Urpflanze nannte.

Heisenberg sagt: »Immer dann, wenn man lebendige Organismen als physikalische und chemische Systeme betrachtet, müssen sie sich auch als solche verhalten. Die einzige Frage, von der man etwas über die Richtigkeit dieser Auffassung erfahren kann, lautet, ob die physikalischen und chemischen Begriffe eine vollständige Beschreibung der Organismen ermöglichen… Es ist schwer… vorzustellen. …Daher wird es wahrscheinlich für ein Verständnis der Lebensvorgänge notwendig sein, über die Quantentheorie hinauszugehen und ein neues… Begriffssystem zu konstruieren, zu dem Physik und Chemie vielleicht später als Grenzfälle gehören mögen.«[8] So wurde der euklidische Raumbegriff der klassischen Physik unter dem Raumbegriff Riemanns zum Sonderfall.

W. Heitler, der in den zwanziger Jahren wie Heisenberg die Entwicklung der modernen Physik entscheidend mitgestaltet hat, indem er mit Hilfe der Quantenmechanik eine Erklärung der chemischen Bindungskräfte gab, also Chemie und Physik auf eine gemeinsame Grundlage bezog, macht wie Heisenberg auf den Tatbestand aufmerksam, daß »das einzelne Atom… kaum noch als etwas nur Materielles aufgefaßt werden [kann], seine mathematische

Seite, also die nicht materielle Seite, tritt noch eklatanter in den Vordergrund, als es bei einem Objekt der klassischen Physik der Fall ist«. Im Hinblick auf biologische Begriffe wie Wachstum, Größe, Form sagt er: »Es ist diese Tatsache des endlichen Haltepunktes des Wachstums mit einer *vorherbestimmten* [Hervorhebung von Heitler] Form, die physikalisch so unverständlich erscheint. Die Gesetze der Physik sind ausnahmslos differentiell... Gesetze, die räumlich oder zeitlich in die Ferne wirken, gibt es nicht... So ist wirklich nicht verständlich, warum und wieso sie [die Zellteilung] nach vieltausenfacher Wiederholung zum Stillstand kommen sollte, und zwar so, daß eine ganz bestimmte Form – ein gezacktes Blatt – entsteht... Irgend etwas Vergleichbares gibt es in der Physik toter Materie nicht. Ein Stück eines toten Materials kann jede Form und Größe annehmen. Ein Blatt, das auseinandergeschnitten wird, hört auf, ein gesundes Blatt zu sein.«[9]

Wir haben diese wissenschaftstheoretische Betrachtung hier eingefügt, um deutlich zu machen, daß man sich auf verschiedenen Betrachtungsebenen bewegen kann und sich – beschreibt und deutet man auf einer von ihnen – im klaren darüber sein muß, daß man damit nicht alles an der jeweiligen Erscheinung, die man bespricht, fassen kann.

Die Ebene, auf der man die charakteristische Form findet, ist die dem gegenwärtigen Bewußtseinszustand zunächst gemäße. Da wir, um die Form zu fassen, zu erklären usw., dazu neigen, das Geometrische mathematisch auszudrücken, rücken wir von der Ebene ab, die unserer Erfahrung unmittelbar zugänglich ist, und suchen, die Erscheinungen durch Reduktion auf Meßbares denkbar zu machen. Alles Meßbare ist auch technisch verfügbar und hat daher seine Faszination – nicht aus wissenschaftstheoretischem Kalkül. Das hat seine Richtigkeit, aber keine Alleingültigkeit. Das sehen in der Gegenwart deutlich und klar fast nur jene Wissenschaftler, die selbst wissenschaftstheoretisch schöpferisch sind; wer im System der Axiome seine Arbeit leistet, denkt über das Begrenzte seiner Aussagen gewöhnlich nicht nach. Daß das System auch als Denkungsart soziale Konsequenzen hat, die ebenso einseitig sind wie die Mathematisierung der Erscheinungen, bleibt entsprechend unbewußt. Es gehört heute nicht zur Ausbildung des Akademikers, den Blickwinkel begriffsgeschichtlich zu erkennen, unter dem er betrachtet. So hält er leicht für allgemein anwendbar, was einer spezifischen Erkenntnisebene entspricht. Wie Heisenberg sagt: »Immer dann, wenn man lebendige Organismen als physikalische und chemische Systeme betrachtet, müssen sie sich auch als solche verhalten.« Dasselbe gilt natürlich auch für sittliche Verhaltensweisen, soziale Organismen und weiteres.

Kommen wir nun zum Ausgangspunkt der Einschiebung zurück! Die typische Form ist letzten Endes Anlaß dieser Denkungsart, weil die Form auch meßbar ist, wenn auch nicht ponderabel. Geht man nun nicht nach der mathematisierbaren ›untersinnlichen‹ Welt der Materie, sondern bleibt an der Form, bezieht aber z. B. an einer Pflanze eine (Blatt-)Form auf die nächste, so setzt eine andere Denkbewegung ein, die sich auf das ›Nichtmaterielle‹ richtet. Habe ich zwei Formen nebeneinander, bei unserem Beispiel zwei Blätter einer Brennessel, so werden mir diese ›ähnlich‹ erscheinen. Welche denkerische Arbeit ich leiste, wenn ich ›ähnlich‹ sage, ist zunächst nicht bewußt. Ich will es schrittweise beschreiben.

Ich habe B; C kommt dazu. Ich stelle fest: C ist ähnlich B geformt. Nächster Schritt: Ich kann es auch umgekehrt sagen: B ist ähnlich C geformt.

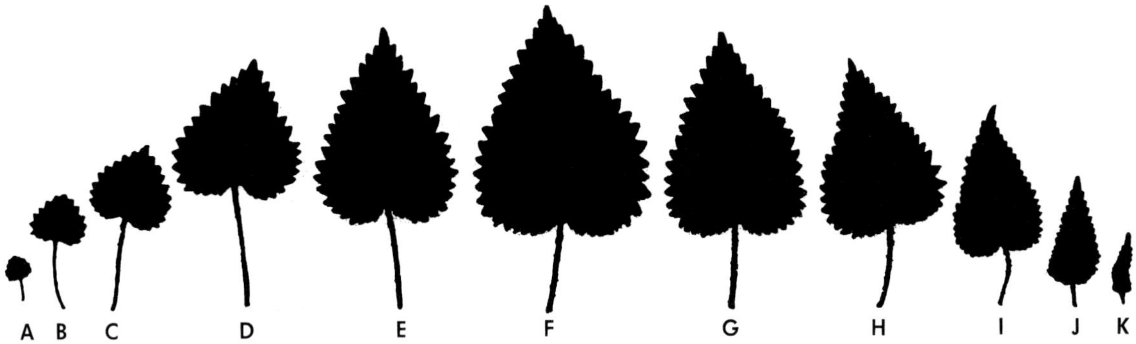

39 Laubblatt-Formfolge, links bodennah, rechts blütennah

Bei beiden Aussagen als solchen beziehe ich mich auf die zuerst vorhandene Form als Norm. Indem ich austausche, kommt die Norm in Fluß. Wenn ich sage: B und C sind ähnliche Formen, sehe ich von einer fixierten Form ab und denke ein Formungsprinzip, das beiden entspricht. Nehme ich einen größeren Abstand in der Formenreihe einer Laubblattmetamorphose, so wird schnell deutlich, wie ich mich anstrengen muß, diese zwei Formen in Zusammenhang zu bringen, z.B. B und E. Ich kann nun – entsprechend Fichtes Anweisung, erst die Wand zu denken und dann den, der die Wand gedacht hat –, statt auf die Formen zu achten, die ich zueinander in Beziehung denke, auf die Kraft achten, mit der ich das tu', mit der ich die Metamorphose vollziehe. Die kann ich gar nicht mehr recht beschreiben, weil sie eben keine einzelne Form zum Inhalt hat, sondern weil sie in meinem Bewußtsein erscheint, indem ich diesen Übergang vollziehe. Halte ich die metamorphosierende Bewegung an, so erscheint eine Form, bewege ich weiter, entschwindet die Form. Man bewegt sich hier schon in einem Grenzbereich des im Bewußtsein Beobachtbaren, aber man kann ihn doch verfolgen. Goethe, der das erstmalig konsequent versuchte, beschreibt das dabei entstehende Erlebnis aphoristisch so: »Die Idee der Metamorphose ist eine höchst ehrwürdige, aber zugleich höchst gefährliche Gabe von oben. Sie führt ins Formlose, zerstört das Wissen, löst es auf.«[10]
Ist es verwunderlich, daß das Selbstbewußtsein, auf erinnerbare Formvorstellungen gegründet, keine Neigung hat, in diesen Bereich vorzudringen? Es droht sich zu verlieren! Viel lieber wendet es sich der anderen Seite zu, in deren Konsequenz ›Dinge‹ produziert werden, die man besitzen kann und zu besitzen strebt: als Produkt oder Produktionsmittel.
Heitler fragt nach einer Kraft, die die Formen im lebendigen Organismus bestimmt, die also physikalische Kräfte integriert, aber selbst nicht physikalisch sein kann, weil sie sonst differentiell und nicht zielgerichtet sein müßte. Diese Kraft ist unserem Denken selbst unmittelbar erfahrbar. Was führt denn eine Gedankenvorstellung zur anderen hin, die andere zur einen? Oder: Aus welcher dynamischen Kraft gehen denn die Begriffe hervor, die ich aufeinander beziehe? Der eine Gedanke kann doch nur zum anderen finden, weil in ihm selbst etwas wirkt, was auch in dem anderen wirkt, und zwar nicht zufällig, sondern notwendig. Die Idee ›Dreieck‹ ist ebenso allen vorstellbaren – und also aufeinander beziehbaren – Dreiecken

übergeordnet wie die Idee Kausalität dem Begriffspaar Ursache und Wirkung. Sie ist Voraussetzung, nicht Folge des Gedankens. Indem sie mein Denken, von der einen Gedankenform ausgehend, ergreift, führt sie es zur anderen hin. Entsprechend ergreift in der Natur die Idee Brennessel die Materie so, daß diese Abbild dieser Bildekraft wird – in tausend Variationen. Ich fasse es im denkenden Beobachten; Goethe nannte es »anschauende Urteilskraft«, Kant »intellectus archetypus« – vertraute sich aber dieser von ihm für denkbar gehaltenen Denkungsart nicht an –, Klee »bildnerisches Denken«.

Das Denken, das einen lebendigen Organismus erkennen will, muß in die Lage kommen, anhand des Erkenntnisanlasses – des jetzt vor Augen befindlichen natürlichen Gegenstands – ihn als bestimmte Ausformung einer lebendigen Idee zu erkennen. Wie weit wir davon entfernt sind zu fühlen, wie wenig eine jeweilige Erscheinung mit der ihr zugrundeliegenden Idee identisch ist, zeigt die einfachste Selbstbeobachtung. Entsprechend ist zu verstehen, wie wenig wir überhaupt geneigt sind, uns in jene Erkenntnisbereiche hinüber zu wagen, in denen das Lebendige erkannt sein will. Paul Klee, der sich um dieses Problem lebenslang intensiv bemüht hat – seine Bauhaus-Vorlesungen geben davon beredte Kunde –, gehört zu den wenigen Menschen des Jahrhunderts, die ihre Position deutlich auf jener Erkenntnisebene bezogen haben. Das kommt z.B. in der Tagebucheintragung 1081 zum Ausdruck: »Ich konnte sogar nun wieder zum Illustrator von Ideen werden, nachdem ich mich formal durchgerungen hatte. Und nun sah ich gar keine abstrakte Kunst mehr. Nur die Abstraktion vom Vergänglichen blieb. Der Gegenstand war die Welt, wenn auch nicht diese sichtbare.«

Von der ersten, charakterisierten Erkenntnisstufe, dem *Formerleben,* von der aus die Wissenschaft mit der Mathematik in eine untersinnliche Ideenwelt absteigt, die sie ›Materie‹ nennt, waren wir zur zweiten aufgestiegen, die notwendig erreicht werden muß, wenn dem Erkennenden das Lebendige nicht im Erkennen ersterben soll. Wir befinden uns hier quasi auf der Pflanzenebene des Erkennens und können die erstgenannte Stufe auch als ihre Erstarrung auffassen, also als Grenzfall im Sinne Heisenbergs. Die Betrachtung der Naturphänomene nötigt uns, auch hier nicht zu verweilen, sondern eine weitere Stufe zu suchen.

Diese begegnet uns zum Beispiel, wenn wir einmal den Gestus der Metamorphose der Pflanzenblätter im ganzen, vom Keimblatt zum Staubblatt verfolgen. Vergleicht man etwa die Reihe der Blätter einer Gänsedistel mit der einer Brennessel oder eines Hahnenfußgewächses, so findet sich als gemeinsames Merkmal, daß aus den ersten, immer rundlichen Blättern sich langsam die typischen, charakteristischen entwickeln und dabei die Blätter ihre größte Fläche und deutlichste Ausprägung oder Gliederung erreichen. Dann ziehen sie sich zusammen zur Form eines Flämmchens, werden schmal, spitz und stiellos. Das rundliche untere und das schmalspitze obere Blatt kommen überall vor, sind eine Formung des Pflanzlichen im allgemeinen – wenigstens der Dikotyledonen –, dazwischen steht die typische Form der jeweiligen Art. Aus dem Allgemeinen tritt das Besondere hervor und verschwindet wieder im Allgemeinen; aus dem Kleinen wird es groß und ausgeprägt und geht wieder ins Unscheinbare. Dieser Weg durch Raum und Zeit, der mit dem Weg vom Allgemeinen durchs Typische ins Allgemeine verbunden ist, verlangt zu seinem Begreifen eine neue Dimension. Zuerst war die einzelne Form im Mittelpunkt der Betrachtung, dann kamen Formverwandlungen, ungeachtet

40 Laubblatt-Formfolgen, oben Gänsedistel, unten Brennnessel, links Hahnenfuß

41 Vergleich der bodennahen (unten) und der blütennahen (oben) Blätter bzw. typischen Formen der Laubblätter von oben (40)

des Charakters der Form bzw. Formung. Jetzt muß die Beobachtung auf eben diesen gehen: auf den Gestus, der sich ausdrückt, auf den Ausdruck; denn der ist bei den beiden vorangehenden Erkenntnisbemühungen unberücksichtigt geblieben, ist aber ein deutlich zu unterscheidendes Anderes.

Der Keimimpuls eines Samens hängt innigst mit dem *Wasser* zusammen. Wasser läßt den Samen quellen und ermöglicht die chemischen Abläufe zum Aufbau der künftigen Pflanze. Wie der ins Wasser geworfene Stein Ringwellen hervorruft, wie schnelleres Wasser in langsamer strömendem einen Doppelwirbel bildet – diese Formung kann man gut beobachten, wenn man mit der Löffelspitze dem Kaffee in der Tasse, in den eben Milch geschüttet worden ist, einen kleinen Schubs gibt –, so sind die Keimblätter im allgemeinen rundlich, haben die ersten ungeteilten Blätter eines Sprosses oft die Form des Doppelwirbels. Diese Form streckt und gliedert sich dann zur typischen Form der Art. Unter geeigneten *Licht*verhältnissen geht die Metamorphose vom Rundlichen durchs Typische weiter in eine Form, die im allgemeinen schmal und spitz ist. Hat sich diese Formtendenz gegenüber der typischen Form durchgesetzt – gleichzeitig werden die Blätter kleiner –, so treten die Blätter am Stengel in dichterer Folge auf, bis sie eventuell zu mehreren dicht beieinander stehen: Sie strahlen wie von einem Punkt aus. Ein Formungsprinzip, das im Wasser nicht erscheint, uns aber von der Sonne, die durch den Wald oder Wolken gesehen wird, gut bekannt ist. Trug das untere Blatt das Bild des Doppelwirbels in sich, so tragen die oberen Blätter das *Bild* des strahlenden Lichtes. (Hier darf der Vervollständigung wegen hinzugefügt werden, daß der junge Wurzelsproß, der bei der Keimung als erste Bildung aus der Samenschale hervorbricht und sich abwärts ins Erdreich senkt, als Form mit seinen Nebenwurzeln ein starr geometrisches, *kristallines Bild* hervorbringt.)

Führt die Entwicklung des Pflanzensprosses von der rundlichen zur typischen Form – quasi zur individualisierten Selbstdarstellung der Art –, so führt die weitere Entwicklung zu einer neuen Formtendenz. Das zu seinen Möglichkeiten voll ausgewachsene Blatt bleibt nicht. Es wird zurückgenommen. Zum ›sinnlich-sittlichen‹ Erlebnis (Goethe) dieses Vorgangs kann man sagen: Indem die Pflanze auf Selbstdarstellung verzichtet und sich zurücknimmt, kündigt sich in den – fast – aus einem Punkt strahlenden Hochblättern ein neues, übergeordnetes Formprinzip an. Das auf der ersten Metamorphosestufe Erreichte wird von außen / oben her auf eine neue Stufe gehoben: Es erfolgt erneute Ausbreitung, die erneut ins Typische geht; aber die jetzt erscheinende Form, die Blüte, *ist Organ aus Organen.* Die Blätter, die auf unterer Stufe Eigenform entwickelten, sind durch den Verzicht auf eine andere Stufe gehoben worden: Sie bilden *miteinander* ein *qualitativ* gesteigertes Organ; denn von der Form her ist das Einzelblatt der Blüte einfach. Das Zusammentreten und die Färbung sind das Auffallende. Das aber ist als Form oder Formung nicht mehr zu fassen. Es ist eine dritte Erkenntnisstufe nötig, um diesen Vorgang zu begreifen und zu würdigen. Wir nennen ihn in Anlehnung an Goethe »sittliches Erkennen«. Es ist das unmittelbare Gedankenbilden an der Form allein nicht mehr ausreichend, um diese Ebene zu erreichen. Aus dem *Miterleben* des Vollzugs und seiner Bildhaftigkeit erwächst unserem begreifenden Bewußtsein ethische Begrifflichkeit. In die Fülle des Qualitativen, das verinnerlicht auf der Tierstufe der Natur erscheint, werden wir im Erblühen der Pflanze gewiesen: Sie scheidet Schmeckendes aus, sie duftet, sie leuchtet in

Farben, sie bildet dissimilierend *Wärme*. In der Ausbildung symmetrischer Blüten kann sie ›Gesichter‹ zeigen oder, wie die Ragwurzarten, Insektengestalten bilden, also auf die Naturstufe weisen, die seelisch wird.
Hier ist aber die höchste Stufe noch nicht erreicht. Sie tritt uns erst im nächsten Prozeß entgegen. Im Normalfall tritt nach den Blütenblättern unmittelbar – d. h. ohne schrittweise Metamorphose – der Kranz der Staubblätter auf. Nach der flüchtigen Herrlichkeit des Blütenblattes schlägt die Bildung ins Gegenteil um: Wie auf der vorhergehenden Stufe eine Reduktion der Erscheinung ins Strahlende geschah, dem das Blütenwunder erwuchs, wird auch hier Reduktion vollzogen, aber weiter radikalisiert; ins Unscheinbare, Kleine führt die Bildung des Staubblattes. Die Entformung geht konsequent weiter: Das Formprinzip verschwindet überhaupt, denn das Staubblatt findet seine Erfüllung darin, zu zerreißen. Bei geeigneter *Wärme* zerreißt ein zu diesem Zweck eingebauter Kohäsionsmechanismus und verschleudert die *Substanz*. Wohin? Vom Wind oder von den Insekten getragen, gelangt der Blütenstaub auf die reifen Narben anderer Pflanzen derselben Art und regt sie durch die Bestäubung an, Samen zu bilden, aus denen neue Individuationen der Formidee – der wir den Artnamen geben – hervorgehen können. Hier ereignet sich ein – zwar nicht im Eigenwillen des jeweiligen Exemplars liegender – sozialer Prozeß. Im Verzicht auf Selbstdarstellung erschien das *Bild des Sozialen:* ein Gemeinschaftsorgan aus Organen gebildet. Das Bild verschwindet, und die Substanz des Organismus, der alle besprochenen Stufen durchlaufen hat, steht zur Fruchtbarkeit anderer zur Verfügung. Die Pflanze beendet ihr Wachstum, ihr Eigensein, ihre physische Existenz und gibt sich an die Art hin. Und indem sie das tut, bleibt sie fruchtbar: Mannigfaltige Einrichtungen verhindern die Selbstbestäubung. Am einfachsten wird das geregelt, indem Staubbeutel und Fruchtblatt nicht zugleich reifen. Ist die Hingabe der Substanz, die in der Vervielfältigung des einen Leibes und zugleich in einem leiblichen Fastnichts erfolgt, vollzogen, dann ist damit auch ermöglicht, daß, indem die Pflanze im Fruchtblatt zur Empfänglichkeit reift, auch für die Pflanze selbst der ›fruchtbare Einfall‹ erfolgen kann. Die leibliche Kommunion im Verstäubungs-Bestäubungs-Prozeß der Pflanze wird *Bild der Intuition,* die nie erzwungen werden kann, die immer Geschenk bleibt, wenn sie auch vorbereitet werden kann. In der befruchteten Blüte stellt die Pflanze ihr Wachstum ein, sie stirbt. Aber in den Samen reifen ihr neue Verwirklichungsmöglichkeiten. Auf dieser Stufe der Möglichkeiten neuer Pflanzen ist die Pflanze fast ganz ›potentia‹ und fast ohne ›actus‹. Und in diesem Zustand, der aus den geschilderten Prozessen hervorgeht, ist der substantielle Ausdruck dieser ›Dynamis‹ der energiereichste Stoff, den die Pflanze bildet: das Fett. Es kommt in jedem Keim vor. Die Substanz Fett entspricht substantiell der Dynamis, der zu verwirklichenden Möglichkeit, hervorgegangen aus einem selbstlos-sozialen, religiös gesprochen aus einem Opferprozeß. Der ist willentlich nur dem Menschen möglich. Bildlich und substantiell, in Gestalt und Prozeß, kann er im Pflanzlichen erscheinen, das Bild aller vier bisher geschilderten Erkenntnisstufen ist.
Die Pflanzenbetrachtung als Modell der Erkenntnisstufen können wir mit Schillers Satz beenden:

> Suchst du das Höchste, das Beste,
> die Pflanze kann es dich lehren,
> was sie willenlos ist,
> sei du es wollend, das ist's.

Es ist klar, daß an weiteren Einzelheiten das Geschilderte weiter bereichert und verdeutlicht werden könnte. Im Hinblick auf die Gestaltung des sozialen Lebens hat das Beschriebene entschiedene Konsequenzen. Für ein Weltverständnis, das das Kausalitätsprinzip für die einzig relevante Denkform hält, sind Begriffe wie das Ganze, das Ich, Entwicklung, Entwicklungsziel irrelevant; da diese Kategorien aber, wie sich in der erweiterten Erkenntnisbeobachtung zeigt, sehr wohl vorhanden sind, werden diejenigen, die sie für wertvoll achten, gar zu leicht der Lächerlichkeit preisgegeben. Beispiele dafür kennt jeder, sie sind bei ideologischen Wissenschaftlern und Politikern an der Tagesordnung. So lange eine wertfreie Wissenschaft gedacht wird, wird das dort, wo es Werte gibt, zur Mißachtung dieser Werte führen. Und das beginnt z.B. schon dort, wo die Erscheinung ›Blau‹ als abgeleitetes subjektives Phänomen bezeichnet wird und an seiner Stelle die ›objektiv‹ vorhandene elektromagnetische Energie gedacht wird, auf die ich erst durch umfangreiche Gedankenoperationen komme – die, mit Heisenberg gesprochen, die ganze Unschärfe meines Denkens bereits in sich enthalten –, die ganz sicher keine primär gegebenen Erfahrungsinhalte haben, von denen eine Erfahrungswissenschaft allein ausgehen kann, sondern Resultat einer sehr spezifischen Frageart sind.

Indem die mathematisierende Betrachtungsart zu technischer Handhabe führt, deren Leistung ganz außerordentlich ist, verbindet sich mit ihr – unreflektiert – eine Mentalität, die alles für ›machbar‹ hält: Technokratie. Wie diese Anschauung im Menschen das Herz als Pumpe denkt, das Gehirn als Steuerapparat, so denkt sie auch die Menschheit zentralistisch verwaltbar: Schaltzentren der Macht. Da sie Lebensvorgänge als prinzipielle Wiederholungen des Gleichen denkt, kommt sie mit Menschenwürde verneinender Massenpsychologie zur bürokratischen Kategorisierung des Mittelmaßes. Dieser Betrachtungsart ist nichts anderes möglich.

Im Gegensatz dazu stehen Aussagen wie diese von Beuys: »Der materielle Prozeß ist immer ein späterer, d.h., es gibt erst einmal das Evolutionsprinzip.« Zuerst »die allgemeine, offene, lebendige, fließende Substanz, die am besten dadurch charakterisiert wird,... daß sie Wärmecharakter hat, aber natürlich... keine physikalische Wärme wie Ofenwärme, sondern soziale Wärme. Es ist wohl haargenau dasselbe, was die eigentliche Liebessubstanz ist. Sie hat sakramentalen Charakter..., es ist eine reale Substanz.« Nur muß, um das zu verstehen, der »Substanzbegriff ethisch-moralisch« werden. Diese Substanz *ist* nicht einfach, sie »muß erzeugt werden«, und sie *kann* hervorgebracht werden. Aus dem sachgemäßen Umgang mit ihr entsteht der »soziale Organismus«, die »soziale Skulptur«. Das hat zu tun mit dem, »was in diesem geheimnisvollen Christusbegriff steckt«.[11]

Daß es berechtigt ist, von Wärme auch im seelischen Erleben zu sprechen, ist nicht nur etwas, was wie selbstverständlich in der Sprache lebt – man sagt, daß es einem warm ums Herz wird, ebenso, daß einer ein kaltes Herz habe, die kalte Schulter zeige usw. –, sondern was man real beobachten kann. Je nachdem, wie Menschen mit Menschen umgehen, entsteht ein anderes ›Klima‹, dessen Zustandekommen und dessen Veränderungen genau beschreibbar sind. Dieses Zwischenmenschliche ist nicht etwas einfach Vorhandenes, es entsteht aus der Art, wie die Menschen miteinander leben. Es ist ein plastischer, gestaltbarer Raum. Er ist für das Ich voll durchdringbar, es kann ihn gestalten. Und die Instrumente, diese Gestalt so zu bilden, daß sie dem Mitmenschen zum Gedeihen seiner Werdemöglichkeiten verhelfen, heißen Hingabe, Opfer, denen durch Selbstlosigkeit, Verzicht, Entsagung die Substanz gereift ist, die es hinzugeben gilt. Die Erfahrung zeigt, daß diese Art von Hingabe, Liebe, indem sie selbstlos von uns fortströmt, zugleich ein gnadenhaftes Reiferwerden des Hingebenden ermöglicht. So stand die Verstäubung mit der Bestäubung in funktionalem Zusammenhang, nicht in kausalem.

Wie die Pflanze Bildausdruck solcher Gestaltungen ist und dort, wo aus diesen die neue mögliche Form keimhaft entsteht, Fett bildet, so verwendet Beuys Fett als nichtverbalen Ausdruck des keimhaft Sozialen.

Kommt man zur Einsicht, daß es verschiedene Erkenntnisstufen gibt und daß ihnen verschiedene Kräfteebenen entsprechen, so sind der Naturwissenschaft ganz neue Forschungsgebiete erschlossen und ganz neue Einsichten möglich. Ein Einblick wurde hier versucht. Das Bild, an dem er versucht wurde, ist sehr viel reicher, als ausgesprochen werden konnte. Möge es selbst zu sprechen anfangen und dadurch Naturwissenschaft um ›Antinaturwissenschaft‹ erweitern.

Schematische Zusammenstellung der Erkenntnisstufen anhand der Pflanzenbetrachtung:

4. Erkenntnisstufe	Bestäubung Verstäubung Blühen	sozialer Prozeß; Bild des Sozialen	wollend Denken; Intuieren	Geistiges	Mensch
3. Erkenntnisstufe	Gestalt	Gestus	fühlend Denken; sinnl.-sittliches Erfahren	Seelisches	Tier
2. Erkenntnisstufe	Blattfolge	Metamorphose	denkend Denken; Denken	Lebendiges	Pflanze
1. Erkenntnisstufe	Blatt	Form	wahrnehmend Denken; Vorstellen	Totes	Mineral

Prozesse im Wasser

Um herauszufinden, was Fett, was Öl ist, mußten wir uns also nicht nur an einen bestimmten Ort begeben, sondern wir mußten die Genese dieses Ortes schrittweise aufsuchen. Fett *ist* nicht, Fett *entsteht*. Nur aus der Genese heraus läßt sich die Qualität dieser Substanz erfassen. Und um in die Lage zu kommen, diese Qualität überhaupt erfassen zu können, mußten wir, wie es die Pflanze selbst lehrt, vier Erkenntnisstufen durchwandern. Hier, bei der vierten, sind wir auch dem Fett begegnet. Dort, wo die Pflanze aus sich selbst nicht mehr weiter kann, wo sie abstirbt – und jeder Sproß stirbt in der Samenbildung ab –, hüllt Fett jenen Keim ein, der die Pflanze über ihr Dasein hinaus in ein neues Dasein führt. Mitten in der Erstarrung der ersterbenden Pflanze, die ja in diesem Moment in irgendeiner Weise eine trockene Kapsel oder irgenwie einen vertrocknenden Fruchtstand bildet, bilden sich Fetttröpfchen, es entstehen sozusagen winzige Fettecken. Sie lösen sich im Samenfall aus der alten Pflanze heraus, fallen zur Erde und beginnen auf ihr – möglicherweise – einen neuen Prozeß. Man könnte sagen: Der Ofen ist aus, die Asche fällt herunter, denn die kleinen Samenkörner haben gewöhnlich keine besondere Form. Man kann an ihnen nicht erkennen, wo vorn und hinten, oben und unten ist. Sie liegen als Chaosteilchen auf der Erde. Entstand in der Pflanze, wo sie selbst stirbt, aber in den vielen Samen eine Überlebensmöglichkeit findet, der Fettprozeß, so muß jetzt, wenn der Same trocken, richtungslos als ein Chaosteilchen auf dem Boden liegt, ein neuer, anderer Prozeß eingreifen, um aus der Samenruhe eine neue Pflanze hervorzurufen. Das ist der WASSERPROZESS.

Über den Ölprozeß, der sakramental verwendet wird, wenn ein Mensch in die Todeskrise kommt, habe ich mit Beuys manchmal gesprochen. Ebenso haben wir von dem Wasserprozeß gesprochen, der sakramental beim Menschen dann angesprochen wird, wenn sein Erdenleben eben erst beginnt. In seinem Werk kommt er explizit nicht oft vor. Als Kraft aber, im prozessuellen Sinn, spielt er eine ganz wesentliche Rolle. In den vielen Diagrammen, die er zur plastischen Theorie zeichnete, ist immer ein mittlerer Zustand beschrieben, der in der

42 Joseph Beuys, Multiple »Eververss«: Zwei Flaschen in einer Holzkiste, die linke, filzumwickelt und leer, als Batterie, die rechte eine Mineralwasserflasche.

Zeichnung »Evolution« links unten Merkurius genannt wird. Er steht zwischen Kälte- und Wärmepol. Merkurius ist der Wasserprozeß. Wird Wasser in den Wärmezustand getrieben, so verflüchtigt es sich in Gas, wird es in den Kältezustand getrieben, so kristallisiert es zu fester Form aus.
Schieben wir, ehe wir den Wasserprozeß genauer beschreiben, eine Schilderung ein, in der Beuys anhand des Multiple »Evervess« im Gespräch mit Schellmann und Klüser folgende Aussage macht:

»Wenn man diese Flasche einmal ikonographisch ansieht, dann sind in der Flasche wiederum viele Elemente vorhanden, die wir besprochen haben bei den Fräuleins mit dem leuchtenden Brot, daß also durch den Filz das Element von Materie, von Abdeckung, von Dunkelheit vorliegt, daß aber in der Flasche ein sich bewegendes Element ist, das Wasser, und man bringt es ja durchaus nicht in Beziehung zu etwas Dunklem – im Gegenteil, im Grunde ist das eine Flasche, die noch etwa den Anspruch eines Quellwassers provoziert, wenn das auch schon ein einfaches amerikanisches Sodawasser ist, aber diese ganzen lebendigen Dinge sind ja auch auf dem Ettikett vorhanden. Es ist eine richtige Berglandschaft mit Schnee usw., und da ist noch Blau und Weiß da und...
SK: Kälte
Beuys: Ja, Kälte und all diese Dinge, und da in dem Filz ist Wärme, da sind also sehr viele Bilder, gegensätzliche Bilder drin, wie wir sie auch bei den Fräuleins mit dem leuchtenden Brot schon haben, da kommt auch wieder ein Berg drin vor...
Wenn ich dieses Etikett nicht gefunden hätte, eine solche Flasche, mit einem solchen Berg, solche Bergspitzen, dann hätte ich das Objekt überhaupt nicht gemacht. Ich habe die Flaschen einfach genommen, weil die Elemente konsequent da sind, und wenn ich diese Elemente irgendwo finde, dann sage ich: Ja, hier paßt das jetzt, das kann ich nehmen.
Also, ich hätte nicht irgendwie die Flaschen gemacht, sondern ich habe sie nur so gemacht, weil die Elemente an den Flaschen da sind, die ich gemeint habe...
Das Objekt ist eigentlich nur schön aufgrund dieser Tatsachen..., und ich glaube, das kann jeder sehen, er braucht es sich gar nicht bewußt klarzumachen, aber er sieht es... ja, es ist ganz schön, er sagt einfach nur, es ist ganz schön! Wenn er einfach beschreiben will, was sehe ich, dann kommt er schon dahin, dann kommt er in den Bereich der Dinge, die ich meine.«

Auf dem Deckel dieses Multiples steht die Aufforderung: »Flasche II austrinken und Kronverschluß möglichst weit wegwerfen.«

»Beuys: Eigentlich ist sie ernst gemeint, aber ich wußte natürlich, daß es viele Leute nicht tun. Ich finde das Objekt richtig nur, wenn es getan wird, vorher ist es nicht in Aktion gewesen. Es ist ja in diesem Objekt eine Angabe für eine kleine Aktion enthalten, die man selbst ausführen soll.«[12]

Im Gespräch mit Beuys zeigte sich, daß man mit dem Wasser auch eine ganz andersartige Aktion durchführen könnte. Den Deckel abmachen und weit wegwerfen, ist eigentlich eine Aktion, die mit den angesprochenen Elementen Erde, Wasser, Luft, Farbe, Licht wenig zu tun hat. Wenn das Wasser ausgetrunken wird, durchläuft es einen physiologischen Prozeß, den man sich natürlicherweise auch nicht klarmacht. Man müßte also, um die Besonderheit des Elements Wasser zu erleben, und das ist ja eigentlich die Absicht von Beuys, zu viel ausführlicheren Erfahrungen kommen. Wir haben

im Gespräch diese Möglichkeit etwa folgendermaßen angeschaut:
Wenn Wasser vom Himmel fällt, wenn es regnet, dann ist in dem Regen ein Wasser vorhanden, das dem destillierten Wasser ganz nahe ist, das zunächst noch kaum Mineralien in sich trägt. Es ist reines Wasser. Reines Wasser heißt aber keineswegs H_2O, denn H_2O ist eine Abstraktion, die sich mit meiner Erfahrung von Wasser überhaupt nicht verbinden läßt. Wenn ich Wasser vor mir habe, habe ich Wasser vor mir und nicht Wasserstoffoxyd, wie es die Formel nahezulegen scheint. Aus der Erfahrung, die ich selber mit Wasser machen kann, geht nicht hervor, daß es sich bei Wasser um die Verbindung von Wasserstoff und Sauerstoff handelt. Genauso ist es unmöglich, wenn ich die Farbe Blau vor mir habe, eine Erfahrung zu machen, die mit der Aussage zusammenhängt: elektromagnetische Strahlung im Wellenbereich von 380 nm. Also: Wasser fällt vom Himmel, und wenn es kräftig regnet, sammelt es sich zunächst auf der Erde und bildet Pfützen, d.h., daß das Wasser nicht dort liegenbleibt, wo es hinfällt, wie es Schnee oder Kieselsteine täten, sondern es rinnt, weil es ein in sich bewegliches Element ist, der Schwerkraft folgend, dorthin, wo es eben abwärts geht. Ist die tiefste Stelle erreicht, so bleibt es zunächst liegen und ist in der Lage, nicht wie Kugeln nebeneinander liegenzubleiben, sondern sich mit den anderen Wassertropfen zu vereinen. In der Vereinigung, in der es eine größere Masse bildet, füllt es den gegebenen Ort aus. Es bildet nicht selbst eine Gestalt, es verfügt nicht selbst über eine eigene Gestalt, sondern es nimmt die Gestalt an, die es vorfindet. Nur nach oben hin zeigt es eigene Gestalt: die Fläche, die spiegelnde Fläche. Das Wasser ist gestaltlos, aber es ist auch farblos, es ist durchsichtig. Es ist auch geruchlos und, wovon man sich leicht überzeugen kann, geschmacklos. Man stelle sich einmal vor, morgens, wenn man sich erfrischen will, käme aus dem Wasserhahn eine grüne Flüssigkeit herausgelaufen, die außerdem noch einen irgendwie eigenartigen Geschmack und Geruch hat. Wie erschrocken wäre man!
Das geruchlose, geschmacklose, farblose und gestaltlose Wasser sammelte sich also zunächst auf dem Boden in einer Pfütze. Nach einiger Zeit wird es verschwunden sein. Einerseits wird es in die Atmosphäre verdunstet sein, andererseits wird es in den Boden eingesickert sein. Es durchdringt die Luft, es durchdringt den Boden. Indem es den Boden durchdringt, durchsickert, löst es aus dem Boden wasserlösliche Mineralien in sich auf. Substanzen, die vorher kristallin waren, geben ihre Eigenform auf, wenn sie mit dem Wasser in Berührung kommen, und lassen sich vom Wasser tragen. Das Wasser bindet sie nicht, es geht mit ihnen keine chemische Verbindung ein. Es trägt sie nur. Und es kann uns schon erstaunen zu erfahren, wieviel Substanz das Wasser in der Lage ist, in sich aufzulösen. Beim Kaffeetrinken kann man ja das Spiel einmal betreiben: Wieviel Löffel Zucker nimmt der Kaffee auf? Wenn man die Tasse normal gefüllt hat, wird man so lange Zucker zuführen können, bis die Tasse randvoll ist. All dieser Zucker wird sich in dem Kaffee auflösen. Wenn der Imker im Herbst seine Bienen für den Winter einfüttert, dann bereitet er ihnen Futter, indem er etwa 10 Teile Zucker in 6 Teilen Wasser löst, also 10 kg Zucker auf 6 Liter Wasser. Diese Lösung ist noch nicht ganz gesättigt, d.h. bei normaler Temperatur ist der Zucker im Wasser vollständig löslich, ohne die Gefahr, daß der Zucker auskristallisiert. Würden wir nun den Topf, in dem diese Prozedur vollzogen worden ist, ohne Deckel an der Luft stehen lassen, so würde wie aus der Pfütze auch hier das Was-

ser in die Luft verdunsten. Aber es würde den Zucker nicht mitnehmen. D.h., daß die Konzentration im Lauf der Zeit immer mehr zunimmt. Und schließlich beginnt der Zucker auszukristallisieren. War er vorher vielleicht in winzigen Kriställchen vorhanden, so werden jetzt, unter geeigneten Bedingungen, große Kandiskristalle wachsen. Am schönsten, weil es am schnellsten geht, sieht man das, wenn man Alaunsalz auskristallisieren läßt, nachdem man zuvor eine gesättigte Lösung hergestellt hat. Hängt man in das Glas mit einer gesättigten Alaunsalzlösung einen Faden hinein, so werden sich an dem Faden schon innerhalb Stunden die schönsten Kristalle entwikkeln.

Indem also Wasser zunächst mineralische Substanzen in sich aufnimmt, auflöst, aber nicht bindet, ermöglicht es der gelösten Substanz, wenn das Wasser sich zurückzieht, wenn es verdunstet, sich in der ihr eigenen Gestalt zu zeigen bzw. diese Gestalt erst zu finden. Ohne die Gegenwart des Wassers könnten diese schönen Kristalle nicht erscheinen. Das Wasser macht sie aber nicht, sondern es ermöglicht nur, daß die Substanzen ihre eigene Form in schöner Gestalt, für das Auge sichtbar finden. Indem das Wasser die Erde durchdringt und, die Erde durchdringend, sich selbst mit Mineralsalzen durchdringt, begegnet es auch den Pflanzenwurzeln, die sich in der Erde ausbreiten. Gemäß der Durchlässigkeit der Wurzelhaut tritt nun Wasser in die Pflanze ein, das mit Mineralsalzen beladen ist. Das Wasser steigt in der Pflanze auf, und man weiß ja von einer Pflanze, die man im Topf oder in der Vase hat, in welch erstaunlichem Maße Wasser eine Pflanze durchdringt. Ein ausgewachsener Buchenbaum wird an einem warmen Hochsommertag von etwa 400 Liter Wasser durchströmt. Das sind 40 randvolle Wassereimer. Wenn man sich vorstellt, daß dieses Wasser in der Rinde

43 Salzkristall

des Baumes in einer Schicht transportiert wird, die kaum dicker ist als 1,5 Millimeter, dann möchte man meinen, daß man es rauschen hören könnte, wenn man das Ohr an den Baum legt. Es ist klar, daß das Wasser nicht in der Pflanze bleibt. Das Wasser durchdringt die Pflanze und ermöglicht es ihr, daß die zarten Blätter dank des Zelldrucks in der Atmosphäre ausgebreitet bleiben. Wenn man eine voll blühende Azalee zu gießen vergißt, dann weiß man, was das heißt. Stellt man solch eine Pflanze, deren zusammengefallene Blüten so erbärmlich aussehen, in einen Wassertopf, so wird sich die Pflanze, wenn sie nicht schon vertrocknet ist, innerhalb kürzester Zeit wieder in ihre eigentliche Form ausbreiten. Das Wasser ermöglicht der Pflanze, in ihrer Gestalt zu erscheinen. Es macht die Gestalt nicht, aber es ermöglicht die Gestalt.

Genauso ist es, um an die vorangehende Schilderung anzuknüpfen, wenn ein Same, der z. B. in einer Wüste oder Steppe über Jahre hin auf trockenem Boden gelegen hat, durch kräftige Regenfälle von Wasser umgeben wird. Das Wasser dringt in den Samen ein und läßt die eingedickten Substanzen aufquellen. Indem die in den Zellen enthaltenen Substanzen langsam wieder in einen bestimmten Flüssigkeitszustand kommen, wird es möglich, daß die im Samen wirkende Wachstumskraft die Substanzen ergreift und der Keim zu wachsen beginnt. Es finden Zellteilungen statt, das Volumen des Keims innerhalb der Samenschale wächst, und schließlich reißt sie auf, und die Wurzel, die immer zuerst herauskommt, wächst abwärts in die Erde. Dann kommt der Sproß hervor, der sich aufwärts wendet, dem Licht und der Gestaltung entgegen. Dort, wo die Pflanze wächst, an den Vegetationspunkten, sei es an den Wurzelspitzen oder an den Sproßspitzen und Blattanlagen, sind die Zellen weich und ungeformt, rundlich, einem Wassertröpfchen ähnlich. Das Wasser überläßt der sich bildenden Pflanze die Minerale, die es mit sich gebracht hat und die die Pflanze braucht, und verdunstet durch die Spaltöffnungen auf den Unterseiten der Blätter. Es geht wieder in die Atmosphäre ein, in der es sich in Wolken sammeln mag, um erneut den Kreislauf durch die Erde und die Pflanze zu beginnen. Wieder ist deutlich: Keine Pflanze könnte ihre Gestalt finden, wenn das Wasser nicht gegenwärtig wäre. Das Wasser trägt die Stoffwechselvorgänge, gestaltet die Pflanze aber nicht selbst. Nur, ohne seine Gegenwart könnte die Pflanze ihre Form nicht finden.

Schwenks Beobachtungen in seinem Wasserlabor im Südschwarzwald, in Herrischried, zeigen noch etwas ganz Erstaunliches. Er hat folgende Versuchseinrichtung getroffen: Aus einem Glasröhrchen läßt er das zu untersuchende Wasser, zeitlich genau dosiert, in einzelnen Tropfen in eine darunterstehende Wasserschale tropfen. Das hineintropfende Wasser ruft dabei die verschiedensten Formungen hervor, je nachdem, wie seine Qualität beschaffen ist. Frisches Quellwasser z. B. bildet, indem das eintropfende Wasser in dem schon vorhandenen nach allen Seiten auseinanderströmt, blumenartige Gebilde, die etwa einer Korbblüterblüte ähnlich sehen. Nach allen Seiten hin strahlen blütenblattähnliche Gebilde aus. Wasser minderer Qualität formt bei seinem Auseinanderströmen nach allen Seiten staubgefäßartige Gebilde. Industrie- und Haushaltsabwässer, aber auch das Wasser sogenannter umgekippter Seen, bilden weder blütenblattartige noch staubgefäßartige Strahlen, sondern nur Kreise um das Zentrum, wie wenn man einen Stein ins Wasser wirft.[13] Bei diesen Untersuchungen kann man aber feststellen, daß, wenn zur Zeit der Untersuchung eine bestimmte

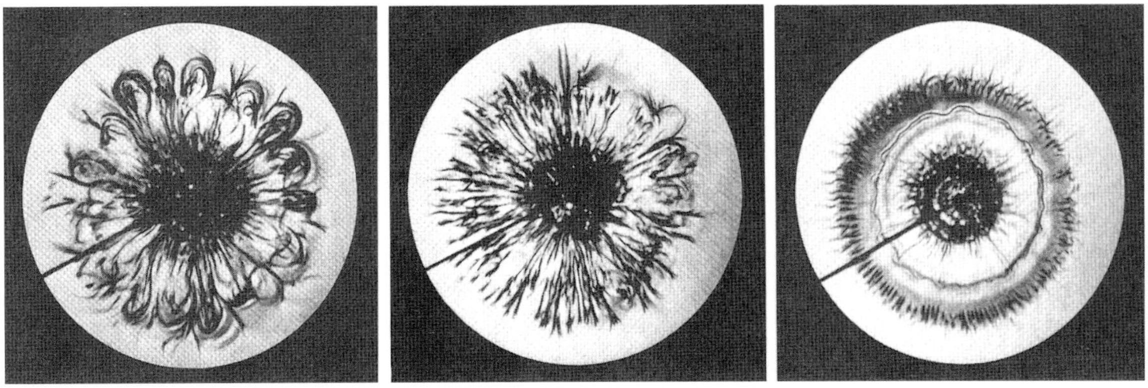

44–46 Tropfbilder aus dem Wiese-Fluß, aus dem Quellgebiet, unterhalb von Schopfheim und bei Lörrach, kurz vor der Mündung in den Rhein

astronomische Konstellation herrscht, z. B. die Konjunktion oder Opposition der Wandelsterne, daß sich dann nicht zum Ausdruck bringt, was unmittelbar mit der Qualität des zu untersuchenden Wassers zusammenhängt, sondern, davon unabhängig, eigene Formgestaltungen entstehen. So daß man sagen könnte: Das Wasser durchdringt sich nicht nur mit mineralischen Substanzen, die es weiterträgt und vermittelt, sondern es ist auch offen für Formungsimpulse, die aus dem kosmischen Raum hereinwirken. Auch dies mag für den Gestaltbildungsvorgang der Pflanze mittels des Wassers nicht unerheblich sein. Hat doch Ulf Abele in seiner Dissertation nachgewiesen, daß die Art der Ausgestaltung einzelner Pflanzenorgane abhängig ist davon, unter welcher Mondstellung im Verhältnis zum Tierkreis die Pflanze ausgesät, d. h. in den feuchten Boden eingebracht worden ist, wann sie gedüngt, wann sie gegossen, wann der Boden bearbeitet wurde.[14]

Faßt man die Eigenschaften des Wassers, so wie sie sich nun darstellen, zusammen, so könnte man es, einem Goetheschen Ausdruck gemäß, alldurchdringend – alldurchdrungen nennen. Diese Eigenschaft des Wassers, verbunden mit der Fähigkeit zu tragen ohne zu binden, wieder abgeben zu können und nicht festzuhalten, bildet eine notwendige Voraussetzung dafür, daß lebendige Gestaltungen entstehen. Nicht nur Kristallines findet unter der Gegenwart des Wassers seine eigene Form, auch und gerade alles Organische ist ohne diese Eigenschaften des Wassers undenkbar. Von seiner Gegenwart ist jegliche organische Wachstumserscheinung und Ausgestaltung abhängig, sei es in der Pflanze, im Tier oder auch im Menschen.

Wollte man versuchen, so wie es bei der Pflanze in der dritten Erkenntnisstufe geschah, den Gestus, der sich in seinen Verhaltensweisen, in seiner Eigenschaftlichkeit zeigt, zu fassen, zu beschreiben, so würde man Worte verwenden müssen wie: hingebungsvoll, selbstlos, uneigennützig, ja, man würde die Eigenschaften des Wassers im Reich des Mineralischen vergleichen müssen jener seelischen Eigenschaft, die wir Liebe nennen, und zwar jene selbstlose Liebe, die das Christentum Agape nennt, die Nächstenliebe. Unter dem Walten der Liebe geschieht im Seelischen letztlich ein

Vergleichbares dem, was im Reich der Sinneserscheinungen durch das Wasser als Gestaltung ermöglicht wird. Wo Liebe wirkt, kann Seelisches sich entfalten, seinen Eigenimpulsen gemäß sich ausgestalten, sich selber finden. Die Liebe der Eltern zum Kind, die Liebe der Freunde untereinander, die Liebe des selbstlos sozial Wirkenden ermöglicht jeweils dem anderen Menschen, den Seelenraum zu finden, in dem er seine eigenen, ihm zur Verfügung stehenden Möglichkeiten uneingeschränkt entfalten kann.

So zeichnet Beuys dort, wo er in der Mitte zwischen Wärme- und Kältepol, zwischen Chaos- und Formpol, zwischen Sulfur und Sal Merkur schreibt, das Herz hin. Es ist im Organischen der Quellpunkt des lebendigen Strömens, es ist im Seelischen der Ort jener Kräfte, die wir mit Liebe bezeichnen.

Wenn Beuys also unter anderem auch dieses Multiple schafft, so kann es, so soll es ein Anlaß sein, nach jenen Kräften zu suchen, die gleichermaßen die Welt um uns und unser eigenes Inneres durchdringen. Denn, wie er in seinem Podiumsgespräch im Club 2 am 27. Januar 1983 sagte, wenn er dem Hasen die Bilder erklärt, wenn er den Hirsch, den Schwan und andere Tiere, wenn er nicht nur Tiere, sondern auch Pflanzen, Böden, Planeten, Übersinnliches usw. als den Umkreis des Menschen ansieht, so ist es die Aufgabe jedes Menschen, diese Umwelt verstehen zu lernen, um dadurch sich verstehen zu lernen, also im Welterkennen Selbsterkennen zu üben. Makrokosmos und Mikrokosmos, wie es die alte Alchimie nannte, gehören real zueinander. Und der Erkenntnisprozeß, das betont Beuys immer wieder, ist der Ausgangspunkt für jeden sinnvollen menschen- und weltgemäßen Gestaltungsvorgang. Will der Mensch ein Künstler werden – und jeder Mensch kann Künstler werden –, so muß er doch gleichermaßen versuchen, dem Wesen nach zu verstehen, was ihn umgibt. Jedes Multiple ist, wie er es Schellmann und Klüser im Gespräch sagt, eine Ermahnung an diesen Auftrag. Auch wenn Beuys äußerlich nicht mehr lebt, das Tor des Todes durchschritten hat, die Flamme hat er, wie er es in der Lehmbruck-Rede sagte, weitergegeben. Jeder, der ein Werkstück aus der Hand von Beuys hat, sei es ein Unikat, sei es ein Multiple, kann die Teilhaberschaft an der weitergereichten Flamme empfinden, von der Beuys sprach. Die Flamme, weitergereicht, wird nicht kleiner. Die Strahlkraft, die von Beuys ausging, soll auch ohne seine Gegenwart weiterwirken. In die Kälte unseres materialistisch-intellektualistischen Zeitalters hat er den Schlitten mitgegeben, auf dem eine wärmende Decke liegt, denjenigen zu wärmen, der den Schlitten fährt, die Welt zu erwärmen, auf die er trifft. Und jedem ist eine Lampe mitgegeben, damit aus der Dunkelheit des entsinnlichenden, mathematisierenden Betrachtens der Naturwissenschaft das Wesen selber aufleuchtet, wenn wir ihm recht begegnen. Wenn wir ihm begegnen mit der Kraft, die sich versinnbildlicht im Wasser, das auch in jeder Evervess-Flasche vorhanden ist. Sie muß nur geöffnet werden, und das Wasser muß uns ganz durchdringen (indem wir sie »austrinken«), damit die in ihm wirkende Kraft, wenn wir sie verstehen und ergreifen können, weiterwirkt, in die uns umgebende Welt hinaus, soweit wie wir nur reichen (»möglichst weit weg werfen«) können.

Es ist naheliegend, daß mancher Leser diese Art der Interpretation für maßlos übertrieben halten wird. In den Gesprächen, die ich mit Beuys führen konnte, ist aber deutlich geworden, daß er sich in solchem Umgehen mit den Elementen, die er handhabte, wirklich verstanden fühlte.

Noch in einem weiteren Bereich muß die Brücke geschlagen werden, wenn wir den Intentionen Beuys' wirklich gerecht werden wollen. Wir hatten das Wasser seinen Eigenschaften nach angeschaut, wie es in der sinnlichen Welt erscheint; wir hatten eben die Eigenschaft, mit der es zu beschreiben ist – abgesehen von allem sinnlichen Inhalt, den man zunächst damit verbindet –, im Reich des Seelischen wiedergefunden und als die Kraft beschrieben, die die zentrale Kraft seelischer Entwicklung darstellt. Fragen wir uns nach einem Wesen, dessen Wesenskern selbst und dessen ganze Erscheinungsweise eben dieser Kraft ganz und gar entspricht, so schauen wir auf den Begründer des Christentums. Paulus charakterisiert ihn im Philipper-Brief, im 2. Kapitel, so, daß er, »der Christus Jesus, sich der Gottesgestalt entäußerte und die Gestalt eines dienenden Wesens annahm und so in den Menschen einging, Menschengestalt annahm und der Erscheinung nach wie ein Mensch gefunden wurde. So beugte er sich unter das irdische Seinsgesetz, gehorsam bis zum Tode, ja bis zum Tode am Kreuz. Daher hat ihn auch Gott über die Maßen erhöht und ihm den Namen geschenkt, der über allen Namen ist.« Und die Er-Lösungstat Christi besteht ja gerade darin, aus dem Eingebunden-Sein in das Reich der Sünde so weit entbunden zu werden, daß – auf dem Weg, den er lehrt und zeigt und den er vorangegangen ist, und unter der ständigen Mitwirkung seiner Gegenwart – eben jene Christuskraft zu wirken beginnt, von der Beuys sagt, sie sei »ja das Evolutionsprinzip, das heute aus dem Menschen herauskommt«. Und wenn Friedhelm Mennekes Beuys fragt: »In welchem Werk sehen Sie Ihren wichtigsten Beitrag zum Christusbild?«, dann antwortet Beuys: »Der erweiterte Kunstbegriff. Ganz einfach.« Und fügt hinzu: »Dieser Kunstbegriff ist keine Theorie, er ist eine Figuration des Denkens... Eine Vorgehensweise, die sagt, daß das innere Auge sehr viel entscheidender ist als die dann sowieso entstehenden äußeren Bilder.« Die Christuskraft, das Evolutionsprinzip, »kann nun aus dem Menschen quellen, es kann aus dem Menschen hervorbrechen, denn die alte Evolution ist bis heute abgeschlossen. Das ist der Grund der Krise. Alles, was an Neuem sich auf der Erde vollzieht, muß sich durch den Menschen vollziehen... Wer mit dem inneren Auge zu sehen sucht, der sieht, daß er [der Christus] längst wieder da ist. Nicht mehr in einer physischen Form, aber in der bewegten Form, einer für das äußere Auge unsichtbaren Substanz. Das heißt er durchweht jeden einzelnen Raum und jedes einzelne Zeitelement substantiell. Also er ist ganz nah da. Und die Schwelle zum Einbruch in den Menschen ist so gewaltig wie nie in der Geschichte. Nur es fehlt noch die offene Zuwendung, das zu erleben und sich dann als Mensch von Grund auf zu verändern... Ein Stichwort muß als erstes fallen: das der Bewegung. Es muß das Bewegungselement sehr stark betont werden... Die Form, wie diese Verkörperung Christi sich in unserer Zeit vollzieht, ist das Bewegungselement schlechthin. Der sich Bewegende. Die rein geistige Gestalt – wenn man mal ein vergleichsmäßiges Bild nehmen kann –, so eine Gestalt ist da, wie ein Mensch ja auch da ist, wenn er tot ist... Es ist also das Auferstehungsprinzip: die alte Gestalt, die stirbt oder erstarrt ist, in eine lebendige, durchpulste, lebensfördernde, seelenfördernde, geistfördernde Gestalt umzugestalten. Das ist der erweiterte Kunstbegriff.«[15]

Im Gespräch mit Horst Schwebel, das 1979 geführt worden ist, spricht er in entsprechender Weise von dem Christusimpuls, der durch die Auferstehung die Welt mit der Christussubstanz durchdringt. Sie ist »wirksam im Menschen, wirksam in der Natur. Sie ist vor allem in übersinnlichem Gebiet. Gerade ist sie nicht im Untergrund. Sie ist präsent. Man muß sagen, sie ist so sehr vorhanden, daß davon das ganze menschliche Leben abhängt. Ohne diese Substanz gäbe es überhaupt kein Leben mehr.« Und wenn Beuys nach diesen religionsphilosophischen, aber lebenspraktisch gemeinten Äußerungen die Frage vorgelegt bekommt: »Warum benötigen sie dann noch das künstlerische Material?«, so antwortet er: »Weil der Mensch im schöpferischen Vorgang sich überhaupt nur am Material entfalten kann. Er ist ja kein absolutes, geistiges Wesen. Er ist ja verkörpert... Das ist das Sakrament, wie es sich am Menschen zeigt.«[16] »Das einfache Anschauen eines Menschenantlitzes ist schon in sich etwas Sakramentales.«[17] »Wo ist denn Christus jetzt? Der ist doch irgendwo! Wenn ich sage, er ist überall vorhanden, er ist sogar im Menschen selbst, also überall präsent, dann heißt das, er ist da... Also ist er ein Kooperator, ein Mitarbeiter. Deshalb wird der Mensch erfahren müssen, daß es noch andere Mitarbeiter an der menschlichen Entwicklung gibt.«[18]

»Wasser erlöst die Welt – Wasser als Leben, ewiges Leben, Auferstehung.«[19]

Farbe – sinnliche und geistige Ordnung

Wie man sich dem Fett erst nähert, wenn man den Fettenstehungsprozeß, die Fettgenese erkennt, wie man sich dem Wesen des Wassers erst dadurch nähert, daß man seine Eigenschaften aufsucht, herauszudestillieren versucht, und sich dadurch sozusagen selbst in den Wasserprozeß hineinbegibt, so ist auch am Filz und seiner Grauheit und an anderen wie abgestorbenen Materialien, die Beuys in seinem Werk verwendet, die Möglichkeit gegeben, sich auf einen Weg zu begeben, in Bewegung zu geraten, einen Prozeß anzuregen, auf den Beuys im Gespräch mit Schellmann und Klüser auf folgende Weise hinweist:

»SK: Herr Beuys, warum arbeiten Sie in Ihren Objekten vorwiegend mit abseitigen, grauen Materialien?
Beuys: Ja, der Beuys arbeitet mit Filz, warum arbeitet er nicht mit Farbe? Aber die Leute denken nie so weit, daß sie sagen: Ja, wenn er mit Filz arbeitet, könnte er nicht vielleicht dadurch in uns eine farbige Welt produzieren! Es gibt ja bekanntlich das Phänomen der Komplementarität, wenn ich z. B. ein rotes Licht sehe und mache die Augen zu, habe ich das Nachbild, und das ist grün. Oder umgekehrt. Ich schaue in ein grünes und habe als Nachbild das Rot.
Die Leute sind sehr kurzsichtig mit dieser Argumentation, wenn sie sagen: Der Beuys macht alles so mit Filz und dann will er etwas aussagen vom KZ.
Ob ich nicht daran interessiert bin, durch diese Filzelemente die ganze farbige Welt als Gegenbild im Menschen zu erzeugen, danach fragt keiner. Also: Eine lichte Welt, eine klare, lichte, unter Umständen eine übersinnlich geistige Welt damit sozusagen zu provozieren, durch eine Sache, die ganz anders aussieht, eben durch ein Gegenbild. Denn Nachbilder oder Gegenbilder kann man nur erzeugen, indem man nicht das tut, was schon vorhanden ist, sondern indem man etwas tut, was als Gegenbild da ist – immer in einem Gegenbildprozeß. Also ist es nicht richtig, wenn man sagt, ich sei interessiert am Grau. Das ist nicht richtig. Ich bin auch nicht interessiert am Schmutz. Ich bin an einem Prozeß interessiert, der viel weiter reicht.«[20]

Dem, was Beuys hier fordert, sei in der folgenden Betrachtung nachgegangen. Im ersten Teil dieser Betrachtung soll dem Phänomen Farbe und Gegenfarbe nachgegangen werden. Als Goethe 1790 begann, seine »Beiträge zur Optik« herauszugeben, die sich schließlich zu dem Hauptwerk zur Farbenlehre 1810 steigerten, war seine Grundintention, dem Künstler etwas an die Hand zu geben, was es ihm ermöglicht, die Farbe im Bild nicht nur nach äußerlichen, gleichsam willkürlichen Gesichtspunkten einzusetzen, sondern dem Wesen der Farbe selbst gemäß zu handhaben. So gipfelt seine Farbenlehre in der Abteilung, die er mit dem Wort überschreibt: »Sinnlich-sittliche Wirkung der Farbe«.[21]

Vergleichbar den vier Erkenntnisstufen, die sich uns in der Betrachtung der Pflanze ergaben, soll hier eine vierstufige Farbenbetrachtung begonnen werden.

1. Stufe: Wenn ich die Welt in der üblichen Weise betrachte und mein Blick fällt dabei auf irgendeinen blauen Gegenstand, einen Mantel, ein Stück Himmel, eine Decke, und ich werde gefragt oder frage mich selbst: Welche Farbe ist das? So ist die Antwort immer klar und eindeutig: Das ist blau. Ich habe irgendwann diese Bezeichnung kennengelernt, ich bin in der Lage, sie zu erinnern, und wenn mein Blick auf etwas Blaues fällt, so spreche ich im Wiedererinnern, im Wiedererkennen den Begriff aus: Das ist blau. Dabei ist es zunächst ziemlich gleichgültig, welche Nuance des Blau ich vor mir habe. Für die einzelnen Nuancen verschiedener Blautöne gibt es in der deutschen Sprache keine einzelnen Begriffe. Die Begriffe sind immer zusammengesetzte, wie Himmelblau, Ultramarinblau, Preußischblau oder Indigoblau.

2. Stufe: Was geschieht aber, wenn ich mich dem Blau weiter nähern möchte, wenn ich Genaueres über es erfahren möchte, wenn ich es gar, wie Lankheit es in seinem Buch über Franz Marc bezeichnet, als »Wesensfarbe« erfahren möchte? Ich versuche also – und am praktischsten geht das zu üben, wenn man einen blauen Gegenstand, vielleicht ein blaues Tuch oder einen blauen Karton, vor sich hinstellt – vor dem Blau auszuharren. Sehr bald werde ich bemerken, daß Blau nicht Blau bleibt. Es beginnt sich deutlich zu verändern. Wenn es ein dunkles Blau in hellerer Umgebung ist, wird es sich leicht aufhellen, vergrauen oder, genauer betrachtet, es wird von einem gelben Schatten überschwebt werden. Blau bleibt nicht Blau. Im Anschauen verändert es sich. (Unser Intellekt, unser Schulwissen wird uns gleich zurufen: Ja, das liegt ja daran, daß...; aber wir wollen nicht in Erklärungen ausweichen, die außerhalb des unmittelbaren Erfahrungsprozesses liegen. Bleiben wir also bei der Blaubetrachtung!) Die Art des Sehens wird nicht von der Art bleiben, wie ich sie brauche, wenn ich irgendeinen Gegenstand seiner Form nach betrachte, oder wenn ich ein Buch lese. Beim Lesen geht es ausschließlich um das Wiedererkennen bestimmter Formen, und es interessiert mich nur der dadurch herbeigeholte Inhalt, die dadurch ausgelöste Vorstellung, nicht aber der Sehprozeß selbst. In unserer jetzigen Betrachtung ist die Beobachtung am leichtesten zu führen, wenn das Betrachten sich verhält, als ob ich mit dem Blick einer Kuh hinschaue, die gemächlich wiederkäuend auf der Wiese liegt und gleichsam träumt. In dieser Art des Sehens bleibt es nämlich möglich, gleichzeitig zu sehen und den Sehvorgang selbst zu beobachten. Dabei mache ich die geschilderten Erfahrungen.

War der träumende Blick auf die Mitte des blauen Gegenstands gerichtet, so wird er vermutlich nach einer Weile langsam absinken oder zur Seite rücken, wobei beobachtet werden kann – aber nur dann, wenn der Blick die

Richtung beibehält, das Beobachten aber gleichzeitig schweift –, daß der Rand des blauen Feldes, von dem der Blick weggerückt war, auf einmal brillant zu leuchten beginnt. Umgekehrt wird man auf der entgegengesetzten Seite, besonders, wenn das Umfeld des blauen Gegenstands farbneutral ist, einen leuchtend orangefarbenen Eindruck haben können. Zieht man die blaue Tafel von der Stelle, an der sie stand, auf einmal weg, ohne den Blick wegzuwenden, so erscheint an eben der Stelle – vorausgesetzt, daß der Hintergrund farbneutral ist, am besten also eine weiße Wand – ein intensiv leuchtendes, orange-gelbes Farbphänomen. Noch einmal: Die Frage, wie es zustandekommt, interessiert hier nicht. Entscheidend ist, daß anstelle des Blau eine ganz andere Farbe erscheint und daß sie wie aus sich selbst heraus leuchtet. Ich verzichte darauf, hier weitere Einzelheiten dieses Erscheinungszusammenhangs darzustellen. Man kann sie sich selbst leicht verdeutlichen.

Ganz deutlich ist: Man kann hier nicht davon sprechen, daß Farbe einfach ist, da ist, vielmehr entsteht im Anschauen eines Farbigen eine ganze Reihe sich ineinander metamorphosierender Wahrnehmungsinhalte. Wie Beuys sagte, am Rot entsteht ein grünes Nachbild, oder umgekehrt: am Grün ein rotes Nachbild. Besonders deutlich sind diese Phänomene eben an den sogenannten rein bunten Farben, die nicht dunkel verschattet sind wie z. B. Braun oder Olivgrün.

3. Stufe: War auf der ersten Stufe klar, was ich sehe, nämlich das Blau, zeigte sich auf der zweiten Stufe eine wunderbare, komplementäre Verwandlung der Farben, so kann auf der dritten Stufe jene Frage gestellt werden, die insbesondere Kandinsky bewegte:[22] Wie wirkt Farbe auf mich?

Nach dem Konstatieren einer physischen Vorhandenheit, nach dem Erleben eines lebendigen Farbentstehungsprozesses ist hier die Frage nach der Qualität einer Farbe gestellt. Die Qualität kann ich nur beschreiben in der Art, wie das Blau wirkt. Kandinskys Griff besteht nun darin, das Blau nicht nur auf das Auge wirken zu lassen, sondern das Blau gleichsam durch das Auge mit den anderen Sinnen wahrzunehmen, also mit dem Bewegungssinn, dem Tastsinn, dem Gleichgewichtssinn, mit dem Wärmesinn, mit dem akustischen Sinn und schließlich mit dem Sinn, den Rudolf Steiner – entsprechend Hensel im »Lehrbuch der allgemeinen Sinnesphysiologie«[23] – zusammenfassend den Lebenssinn nennt. Geruchs- und Geschmackssinn läßt Kandinsky weg.

Es lohnt sich, diese Betrachtung in einem Kreis von Freunden zu machen, weil dann die Einzelheiten, auf die man kommt, noch sehr viel reicher werden, als es die eigene Erfahrung ist. Die Art des Erlebnisses wird sehr davon abhängen, ob das Blau heller oder dunkler ist und besonders, ob sich ihm eine rötliche Komponente einmischt oder nicht. Wenn wir von einem dunklen Ultramarin ausgehen, so mögen folgende Erfahrungen auftreten:

Tastsinn: Das Blau bietet keinen harten Widerstand. Es gibt leise nach.

Bewegungssinn: Es konzentriert und führt in die Tiefe.

Gleichgewichtssinn: Versuche ich – zunächst ohne das Blau anzuschauen –, mich ganz ins Gleichgewicht zu stellen, so wird, wenn ich die Augen öffne, spürbar, wie ich mich aus dem Gleichgewicht leise auf das Blau zu bewege. Blau verschließt sich nicht, bedrängt mich nicht, bedrückt mich nicht, sondern es öffnet sich, es gibt Raum, es läßt mich zu.

Wärmesinn: Wärme geht vom Blau nicht aus, auch wenn es stark leuchtet, es ist aber auch nicht kalt oder gar eiskalt. Es hat eine Art von

Kühle, die nicht abweisend ist, aber Abstand hält. So ist auch seine Dunkelheit von einer eigenartigen Helle durchdrungen, die mich nicht in ein Unheimliches, Beängstigendes führt, sondern in etwas wie eine große innere Weite.
Den Klang vergleicht Kandinsky beim hellen Blau dem Ton der Querflöte und beim immer mehr verdunkelten Blau dem Orgelton.
Lebenssinn, der Sinn, der eine Art allgemeinen Lebensgefühls vermittelt, der etwa angesprochen ist, wenn einer fragt: Wie geht es Dir? Welche allgemeine Grundstimmung breitet sich gegenüber Blau aus? Die Beobachter sprechen im allgemeinen von Ruhe, von Frieden, beschreiben aber auch, daß durchaus ein gewisser Wachheitsgrad entsteht, Blau also keine Einschlaffarbe ist, sondern eben in seiner Kühle auch Wachheit entsteht, aber ohne Frösteln. Im beruhigten Gemüt entsteht eine wache Aufgeschlossenheit für das, was mir gegenüber ist. Ich habe die Neigung, ihm behutsam nachzugehen: Offenheit in der Beobachtung, zugleich Selbstvergessenheit bei voller Bewußtheit.
Man könnte also sagen, daß angesichts Blau ein Bewußtseinszustand angeregt wird, der optimal geeignet ist, eine seelische Grundverfassung herzustellen, wie wir sie für unsere Betrachtungen hier grundsätzlich brauchen. Mit diesem Bewußtseinszustand und mit der Verhaltensweise, die man am Wasser lernen kann, wird der Mensch zu sich selbst und auf seine Umwelt hin befreit.
4. Stufe: Alles, was sich aus der Zusammenfassung der Qualitätsschilderung der dritten Stufe ergibt, lenkt auf die vierte Stufe hin. Hier wäre, wie beim Wasser auf der zweiten Ebene, zu fragen, welche innere, seelisch-geistige Verhaltensweise in uns angesprochen ist, wenn wir uns einem bestimmten Blau gegenüber befinden. Es dürften nun in der Schilderung keine Bezüge mehr auf die sinnliche Welt und ihre Erlebnisqualitäten enthalten sein. Vielleicht ließe sich also all das Erfahrene in dem Begiff zusammenfassen: Andacht. Denn Andacht hat den Gemütszustand zur Voraussetzung, den wir vorhin beschrieben haben, und enthält zugleich die Komponente des wachen Denkens und Beobachtens. Außerdem schließt sie ein vorschnelles Urteilen, den übereilten Zugriff des Intellekts auf das Gegenüber aus. Sie fragt nach dem Wesen, nicht nach dem Zweck.
Wie kommt man zu einer Ordnung der Farben? Ist sie aus der Anschauung möglich, oder bedarf es einer Theorie, die die Farbphänomene selbst verläßt und mit außersinnlichen Größen arbeitet? Letzteres ist der Weg der neueren Physik, die – ausgehend von Newtons Wunsch, achromatische Linsen zu erhalten – eine Optik entwickelt, die von Newtons Korpuskulartheorie ausgehend über Huygens Wellentheorie, über Hertz und Maxwell schließlich zu den modernen elektromagnetischen Theorien kommt, in denen es nicht mehr Farbe gibt, sondern elektromagnetische Energien, die modellhaft im Bild der Welle oder im Bild des Lichtquants gedacht werden können. Für die elektromagnetische Theorie ist das Licht dann nur noch ein Teil eines größeren Spektrums, das sich nach der Richtung der kürzeren Wellen immer stärker in chemischer Wirksamkeit äußert und in Richtung der längeren Wellen zunächst in den Wahrnehmungsbereich der Wärme hinüber begibt. Dieser Teil der Physik ist dort, wo es gilt, »mit Hebeln und mit Schrauben« zu arbeiten, von Nutzen. Technologische Physik ist ohne diese Vorstellungen undenkbar.
Bleibt man im Bereich der Sinne – und es gibt erkenntnistheoretisch keine Möglichkeit, die Sinnesqualität Blau z. B. durch irgendetwas anderes zu ersetzen, das haben schon Goethe und Steiner und später Husserl und Hensel ge-

zeigt –, so ergibt sich eine andere Art des Umgangs mit Farben. Vielfach kann man in der Sinneswelt beobachten, daß Farben nicht nur unvermittelt nebeneinander, sondern in Spektren erscheinen. Überall, bei den Blüten der Borretschgewächse z. B., zu denen das Vergißmeinnicht, der Natterkopf oder der Beinwell gehören, sieht man die Knospen der Blüten in rotem Violett, das sich im Erblühen über das Violett zum Blau und schließlich zum reinen lichten Blau, das endlich verweißlicht, verwandelt. Am Abendhimmel sieht man die sinkende Sonne zunächst gelb, dann orange, dann immer röter werden, bis sie hochrot versinkt. Weltraumfahrer schildern, wie das lichte Blau des Himmels im Aufsteigen immer dunkler wird – schon in den Alpen kann man das ahnungsweise erleben – und dieses Blau sich so weit vertieft, daß es über ein Indigo hinaus zum Violett, zum tiefen Violett wird, das schließlich im Schwarz untergeht. Der Regenbogen schließlich ist eines unserer schönsten Farbphänomene, das sich, abgeschwächt, auch in den sogenannten Newtonschen Ringen zeigt, die entstehen, wenn man Glasplatten aufeinanderdrückt, oder auch bei den Anlauffarben des erhitzten Stahls oder auf gehärteten Rasierklingen. Gerade letztere Erscheinung, wo sich die Farben wie beim Regenbogen ordnen, der oben mit Rot beginnt, sich zum Orange und Gelb hin aufhellt und ins Grün übergeht und dann vom Grün ins Blau, ins Violett hinein verwandelt, aber kein Purpur zeigt, gibt die Anlauffarben in einer endlosen Kette farbigen Wechsels, in der jeweils zwischen Gelb und Blau Grün und zwischen Hochrot und Violett Purpur erscheint. Dies ist die vollständigste Ordnung, die in der Natur anzutreffen ist.

Sie kann aber noch leicht erhöht werden. Man braucht das Spektralband nur an irgendeiner Stelle zu unterbrechen, um alle auftretenden Farbwerte so weit zu verfolgen, bis die Farbe, vor der man unterbrochen hat, wieder erscheint. Biegt man jetzt die beiden Enden des Spektralbandes zusammen, so entsteht ein Farbenkreis. Er faßt zusammen, was die Natur aufs Unendliche wiederholt. Er entspricht also vollkommen der Naturordnung, faßt sie aber in ein Bild, das in der Natur selbst nicht entsteht. Dieses Bild ist dennoch der Natur vollkommen kongruent.

Greift man außerdem auf jene Farbenordnung zurück, die sich ergab, wenn ein farbiges Bild eine Gegenfarbe nach sich zog, also das Rot ein Grün, das Grün ein Rot, so sieht man, daß der Farbenkreis die Nachbilder als Gegenbilder zeigt. Der Farbe, von der ich ausgehe, steht im Farbenkreis genau jene gegenüber, die sich als Nachbild ergibt. Der Farbenkreis ist also keine willkürliche Ordnung, sondern eine den Naturverhältnissen vollkommen entsprechende. Dabei ist schon jetzt eines deutlich: Grün und Purpur stehen in diesem Kreis mit gleicher Berechtigung. Das Farbenspektrum, das Newton zugrundelegt, ist das Spektrum, das wir im Regenbogen sehen, in dem kein Purpur enthalten ist. Newton konnte nicht zum Farbenkreis kommen.

Das Spektrum, das Newton untersuchte, erzeugt sich am leichtesten am Prisma, sozusagen einem Sonderfall der Linse, mit der Newton als Astrophysiker den Sternhimmel betrachtete. Wie ordnen sich hier die Verhältnisse? Newtons Aussage war: Schicke ich Licht durch ein Prisma, so zerfällt es in seine Teile, die Farben. Was aber ist wirklich zu sehen?

Wir fügen an dieser Stelle einen Text aus Goethes Farbenlehre ein, den er am Ende des historischen Teils seiner Farbenlehre unter der Überschrift »Konfession des Verfassers« in seine Schrift aufgenommen hat. Goethe schildert, daß er sich einen Kasten mit Prismen ausgeliehen hatte, um die Farberscheinungen, von denen er in seiner Jugend im Zusammenhang mit Newtons Theorie gehört hatte, wieder einmal anzuschauen. Da er lange nicht dazu kam, das Vorhaben auszuführen, wurde er gemahnt, und schließlich kam ein Bote, um den Kasten abzuholen. »Schon hatte ich den Kasten hervorgenommen, um ihn dem Boten zu übergeben, als mir einfiel, ich wolle doch noch geschwind durch ein Prisma sehen, was ich seit meiner frühesten Jugend nicht getan hatte. Ich erinnerte mich wohl, daß alles bunt erschien, auf welche Weise jedoch, war mir nicht mehr gegenwärtig. Eben befand ich mich in einem völlig geweißten Zimmer; ich erwartete, als ich das Prisma vor die Augen nahm, eingedenk der Newtonischen Theorie, die ganze weiße Wand nach verschiedenen Stufen gefärbt, das von da ins Auge zurückkehrende Licht in so viel farbige Lichter zersplittert zu sehen. Aber wie verwundert war ich, als die durchs Prisma angeschaute weiße Wand nach wie vor weiß blieb, daß nur da, wo ein dunkles daran stieß, sich eine mehr oder weniger entschiedene Farbe zeigte, daß zuletzt die Fensterstäbe am allerlebhaftesten farbig erschienen, indessen am lichtgrauen Himmel draußen keine Spur von Färbung zu sehen war. Es bedurfte keiner langen Überlegung, so erkannte ich, daß eine Grenze notwendig sei, um Farben hervorzubringen, und ich sprach wie durch einen Instinkt sogleich vor mich laut aus, daß die Newtonische Lehre falsch sei. Nun war an keine Zurücksendung der Prismen zu denken.«

Wie also schon Goethe entdeckte, entsteht das Farbenspektrum als Kantenspektrum nur dort, wo ein Helles und ein Dunkles in möglichst starkem Kontrast eine Wechselbeziehung eingehen. Die dabei erscheinenden Farben sind niemals das Gesamt des Farbenspektrums, sondern immer nur ein Teil. Vom Dunklen zum Hellen erscheinen entweder die Reihe der Rot-Orange-Gelb-Töne oder die Reihe der Violett-Indigo-Blau-Töne bis hin zum Eisblau. Auf der einen Seite geht die Farbe in der Dunkelheit unter, auf der anderen Seite in der Helligkeit. Dabei geht die Qualität der beiden Kantenspektren in Richtung Helligkeit auseinander, das eine endet in Gelb, das andere in Blau, beide Farben haben überhaupt nichts miteinander zu tun, während in der anderen Richtung, auf die Dunkelheit zu, beide Farben einen immer mehr rötlichen Ton annehmen. Dieses Phänomen nannte Goethe, im Zusammenhang mit verschiedenen anderen Versuchen, Steigerung: Gelb steigert sich ins Hochrot, Blau steigert sich ins tiefe Violett. Werden nun beim prismatischen Versuch die Verhältnisse so geordnet, daß die Kantenspektren aneinanderrücken, so erscheinen neue Farben. Führt man die Kantenspektren so aufeinander zu, daß der Helligkeitsraum zwischen ihnen immer kleiner wird und schließlich die gelbe und die blaue Seite der Spektren ineinander geraten, so entsteht – bei gleichzeitiger Abnahme von Helligkeit – als ein neues Phänomen Grün. Führt man die Kantenspektren so aufeinander zu, daß die zwischen ihnen liegende dunkle Fläche immer schmaler wird, so daß sich die Kantenspektren schließlich durchdringen, so entsteht als neue Qualität Purpur. Hier wird die Farbigkeit aus der Dunkelheit in die Helligkeit getrieben, beim Grün wurde die Farbigkeit aus der Helligkeit in die Dunkelheit getrieben. Beide Farben, Grün und Purpur, stehen als Phänomenerscheinung gleichberechtigt nebeneinander. Es gibt aus der Farbphänomenologie selbst heraus keine Möglichkeit, die eine für ein primäres, die andere für ein sekundäres Phänomen zu erklären. In der elektromagnetischen »Farben«-Lehre gibt es kein Purpur, nur Grün. Dem entspricht in der Erfahrung desjenigen, der mit Farben umgeht, daß er aus Gelb und Blau Grün mischen kann, daß es aber keine Möglichkeit gibt, Purpur zu ermischen. Unter den Mischungsverhältnissen ist Purpur immer Primärfarbe. Der Drucker mischt aus Purpur, Blau und Gelb, die er in Punkten fein verteilt, seine Postkartendrucke. Auch für die Mischung farbiger Lichter gilt dasselbe, wenngleich z. B. purpurfarbenes und gelbes Licht gemischt eine so große Helligkeit ergeben, daß der entstehende Rotton in der Helligkeit fast untergeht. Deswegen mischt man, wenn man farbige Lichter mischt, umgekehrt, d. h. man mischt z. B. Indigo und Zinnober und erhält dann einen purpurnen Farbenschein, der sich ergibt, indem Zinnober, ein Gemisch aus Purpur und Gelb, und Indigo, ein Gemisch aus Blau und Purpur, zusammen je einen Teil Gelb, Purpur und Blau ergeben, deren Farbigkeit sich in der Mischung zur Farblosigkeit aufhebt, in der dann der übrigbleibende Teil purpurfarbig aufleuchtet.

Also: Sowohl die in der Natur erscheinenden Spektralbänder selbst wie das Phänomen der Farben und Gegenfarben, der farbigen Nachbilder, wie auch die Erscheinung der Kantenspektren und ihre Verbindung zu Grün und Purpur und schließlich die Erscheinungen der farbigen Mischung, sie alle lassen sich im Bild des Farbenkreises vereinen und bestätigen ihn. Wir haben also im Farbenkreis ein gültiges Bild der natürlichen Farbenordnung. Diesen Kreis müßte man horizontal anlegen.

Will man den Farbenkreis aber aufhängen, also in eine vertikale Ordnung bringen, so fragt sich, ob es dafür einen gültigen Gesichtspunkt gibt. Die beiden einander fremdesten natürlichen Farben sind Gelb und Blau. Beide zeigen in dem Phänomen, das Goethe Steigerung nannte, den Übergang ins Rötliche. Die Farbpolarität Gelb und Blau, jeweils ins Rot gesteigert, verbindet sich im Purpur. Auf der Seite, wo nicht Steigerung, sondern nur Annäherung möglich ist, vermischen sie sich zu Grün. So erhält der Farbenkreis eine neue Ordnung: Purpur steht oben, Grün unten, Gelb und Blau an den Seiten. Dieser Ordnung liegt bereits ein über die natürliche Farbenordnung hinausgehendes Urteil zugrunde. Nämlich dieses, daß uns Purpur nur als Lichtfarbe erscheint, während sich stoffgebundene Farbe leicht zu Grün mischen läßt. Auch ein ästhetisches Urteil beginnt nun hereinzuspielen, auf das uns die Natur dort, wo sie lebendig ist, auf ihre Weise bereits hinweist. Im Reich der Pflanzen ist der vegetative Teil gewöhnlich grün. Die Blüte erst erscheint farbig. Als eine Art vollkommene Steigerung des Wachsens und Blühens erscheint vielen Menschen die Rose, unten in kräftigem Grün, oben in herrlichem Rot erblühend. Die Heckenrose, eine ursprünglichere Form, erhebt aus lichterem Grün die anmutig zarte, schnellvergängliche Blüte, die in aufgelichtetem Purpur, in Rosa erscheint.

Nun bliebe noch zu fragen, ob die Ordnung Rechts-Links willkürlich bleibt, oder ob auch in ihr eine dem Wesen der Farbe entsprechende Zuordnung vorzunehmen ist. Hier kann man anknüpfen an die weiter oben durchgeführte Betrachtung, in der uns der Charakter Blau zugänglich wurde. Würden wir ihr eine entsprechende Beobachtung von Gelb und der gelbroten Farbtöne an die Seite stellen, so würde sich leicht eine charakterliche Entgegenstellung von aktiv und passiv, von ausstahlend und zurücknehmend, von Dasein ergreifend und kontemplativ usw. ergeben. Und da in uns selbst die rechte Seite diejenige ist, mit der wir uns gewöhnlich aktiv ins Leben stellen, und die linke demgegenüber die zurückhaltende bleibt, so wäre der vertikale Farbenkreis so zu ordnen, daß in ihm die rechte Seite das Gelb-Rot-Spektrum umfaßt und die linke Seite das vom Blau ins Violett gehende Spektrum.

So wird der natürliche Farbenkreis, erweitert um die höheren Erfahrungsstufen, die Goethe die sinnlich-sittlichen nannte, in eine symbolische Ordnung überführt.
Von den natürlichen Farben ausgehend, sie einzeln durch alle vier Stufen steigernd, wie oben am Blau demonstriert, und vom natürlichen Bild der Farbenzusammenhänge ausgehend, nähern wir uns dem Wesen der Farben selbst. Haben wir das Wesen der Farben auf diese Weise erfahren, so ließe sich nun, diesem Wesen gemäß, eine geistige Ordnung der Farben erstellen, die einem sittlichen Zweck gemäß sein könnte. Auf diese Weise z. B. ordnen sich die Farben im Lauf der Jahresfeste, wie sie die Christenheit feiert, zu einer Folge, die im Kultus der Christengemeinschaft verwirklicht ist, der unter der Mitwirkung Rudolf Steiners 1922 entstand. Entsprechend eröffnen sich therapeutische Möglichkeiten, für die in der Farbenpsychologie heute bereits vielfältige Erfahrungen zugrunde liegen.
Hier wird also aus dem Verständnis der Wirkung und des Wesens der Farbe ein kultureller Prozeß eröffnet, der nicht der Naturordnung angehört, sondern eine geistige Ordnung ist, auf die uns aber die gesteigerte Wahrnehmung der natürlichen Phänomene und der natürlichen Ordnung selbst führt.
In der Geschichte der Malerei sehen wir diesen Aspekt, der in Goethes Bemühungen historisch seinen Anfang hat, mehr und mehr in Erscheinung treten. Die Malerei Turners z. B. oder Runges folgt durchaus in bestimmter Beziehung den Gesetzen des farbigen Kosmos. Runge selbst erweiterte den Farbenkreis, das Hell-Dunkel einbeziehend, zur Farbenkugel. In manchen Aquarellskizzen zu seinen Ölbildern sehen wir Delacroix seine Bilder nach den Gesetzen des Farkontrastes und der Farbharmonie aufbauen. In der französischen Freilichtmalerei tritt dieses Thema stärker und stärker hervor. Der Impressionismus, noch deutlicher, wenn auch künstlerisch problematischer, der Neoimpressionismus lebt aus der Erkenntnis der Farbgesetze und ihrer physiologischen Wirkungen. Der Simultankontrast, d. h. die Wirkung benachbarter Farbenflächen aufeinander, ist das Rezept vieler Bilder.
Und schon sieht man in den Bildern van Goghs und der Nabis, dann der Fauves und der deutschen Expressionisten die Malerei nicht mehr nur aus der Kenntnis der Gesetze der Farbigkeit und ihrer physiologischen Wirkung entstehen, sondern es entstehen Bilder aus dem Charakter der Farbe selbst, besonders deutlich bei Franz Marc und bei Chagall. In der Malerei der sechziger Jahre, im Umkreis der Optical- und Minimal-Art, entstehen Bilder, wie die von Yves Klein, Barnett Newman, Mark Rothko, Ad Reinhard oder Johannes Geccelli, von vollständig gegenstandsloser, ja sogar kompositionsloser Art. So kann etwa eine rein blaue Tafel von Yves Klein eigentlich nur den Weg fordern, den wir oben beschrieben haben. Sie fordert uns unumgänglich auf, den stufenweisen Weg vom rein physischen Phänomen, von der Präsenz einer bestimmten Farbe, zu einer wesenhaften Erfahrung zu gehen. Wird der nicht gegangen, dann ist diese Art von Malerei nicht mehr rezipierbar. Der umgekehrte Weg, daß Farbigkeit verwendet wird, weil eine bestimmte seelisch-geistige Wirkensmacht sich vergegenwärtigen soll, liegt noch in der Zukunft der Malereigeschichte. Er wird natürlich nur in dem Maß zu begehen sein, wie man bereit und in der Lage ist, jener Welt ihre Existenz zuzuerkennen. Zunächst sind wir da ja noch weitgehend Ignoranten. Aber gerade die Beschäftigung mit Beuys führt uns unumgänglich dazu, wenn wir nicht nur sein Werk, sondern auch seine Intentionen ernst nehmen wollen, in dieser Richtung zu fragen.

Die bedeutendsten Anfänge, in dieser Richtung einer künftigen Kunst zu arbeiten, lagen in den Kuppelmalereien des aus Holz geschnitzten anthroposophischen Tempelbaus, der in Dornach bei Basel stand und Silvester 1922 einer Brandstiftung zum Opfer fiel. Sie entstammten den Anregungen und auch dem Pinsel Rudolf Steiners selbst.[24] In den Tafelskizzen, die Rudolf Steiner während seiner Vorträge machte und die vielfach farbig sind, wäre zu untersuchen, ob sie auf demselben Prinzip beruhen.

Es ist übrigens interessant zu bemerken, daß die Gewohnheit, während eines Vortrags Tafelzeichnungen zu machen, die Beuys in den siebziger Jahren ständig pflegte, durchaus auf das Vorbild Rudolf Steiners zurückgehen könnte. Nicht nur der Duktus, sondern sogar die Art, wie Beuys schreibt, ließen sich dann auf die Wandtafelzeichnungen Rudolf Steiners zurückbeziehen.

Indem das Wesen der Farbigkeit auf diese Weise ergriffen werden kann, wird es im künstlerischen Einsatz, im Sinne Beuys' also überall dort, wo wir im praktischen Leben Farbe verwenden, zur Tat, die nicht symbolischen oder gar allegorischen Charakter hat, sondern die geistig Wirkendes im Sinnlichen akut vergegenwärtigt. So kann der unter diesem Aspekt schaffende Künstler für den Beschauer konkret zum Anreger werden, in dieser sinnlichen Welt auch eine geistige wahrzunehmen. Auch wenn es ihm nicht gelingt, so entspricht das dann doch jener Welt – so wie ich ein Märchen hören kann, dessen Bildfolge ich gerne aufnehme, ohne gleich den mit dem Märchen gemeinten Sinn verstehen zu müssen. Entsprechendes galt ja für die Mythologie, deren Handelnde nicht Menschen, sondern Halbgötter und Götter waren. So kann künftige Malerei eine Art neuer Mythologie stiften.

Im Blick auf die Kunstgeschichte der neueren Zeit sahen wir, wie sie, zunächst anhand der Farbe, auf eine Vergeistigung des Sinnlichen bzw. auf eine Versinnlichung des Geistigen zuläuft. In der Betrachtung, die wir am Wasser und an der Öl- bzw. Fettentstehung angestellt haben, zeigte sich Entsprechendes für die bildnerischen Substanzen selbst. Vergleichbares wäre in jenem Bereich zu untersuchen, der der Form gilt. Seit Cézanne den berühmten Satz gesprochen hat, daß die Formen der Natur zurückzuführen seien auf Kegel, Kugel und Zylinder, ist die Malerei und auch die Bildhauerei auf dem Weg zur reinen Form. In dem Bild »Sonne Nr. 1«, das Delaunay 1912/13 gemalt hat und das die Schwelle bezeichnet, an der die Malerei aus der abbildenden in die autonom gestaltende Phase übergeht, sind sowohl Farbe wie Form in der allereinfachsten Weise verwendet. In rechteckigem Format stehen Kreis und Kreuz. Die Farbigkeit ist in leichter Variation die des Farbenkreises.

Vom analytischen zum synthetischen Kubismus und von dort zum Konstruktivismus geht dieser Weg, der bestimmte Endpunkte hat: im schwarzen Quadrat von Malewitsch und in den Linienkreuzen des Mondrian der späten zwanziger Jahre. (In seiner Farbigkeit, die Mondrian auf Gelb, Rot und Blau reduzierte, folgte er, wie mir sein Freund und Mäzen Slijpers sagte, Anregungen aus Rudolf Steiners theosophischer Zeit.)

Der wichtigste Beitrag zur Formenlehre der neuen Malerei ist aber in der pädagogischen Arbeit Paul Klees enthalten.[25] Jener Gegensatz, den wir in der plastischen Theorie von Beuys immer wieder dargestellt finden, ist auch die Grundspannung, auf die Paul Klee immer wieder hinweist. Ob er sie nun Chaos und Kosmos, Zufall und Ordnung, klassisch und romantisch, kosmisch und irdisch, dynamisch und statisch nennt, immer spielt sich sein bildnerisches Ringen in den zwanziger Jahren insbesondere zwischen diesen Polen ab. Beuys scheint die Vorlesungen von Klee aber nicht gekannt zu haben, denn es ist mir keine Stelle bekannt, in der er auf sie hingewiesen hätte. So wie bei Beuys in der Mitte zwischen Erstarrung und Chaos die Bewegung steht, so spricht Klee in immer neuen Varianten davon, wie es nicht um die Form, sondern um die Formung gehe.

Stoff – Werden und Vergehen

Im Gespräch mit Schellmann und Klüser sagte Beuys: »Ob ich nicht daran interessiert bin, durch diese Filzelemente die ganze farbige Welt als Gegenbild im Menschen zu erzeugen, danach fragt keiner. Also: Eine lichte Welt, eine klare, lichte, unter Umständen eine übersinnlich geistige Welt, damit sozusagen zu provozieren, durch eine Sache, die ganz anders aussieht, eben durch ein Gegenbild. Denn Nachbilder oder Gegenbilder kann man nur erzeugen, indem man nicht das tut, was schon vorhanden ist, sondern indem man etwas tut, was als Gegenbild da ist – immer in einem Gegenbildprozeß. Also ist es nicht richtig, wenn man sagt, ich sei interessiert am Grau. Das ist nicht richtig. Ich bin auch nicht interessiert am Schmutz. Ich bin an einem Prozeß interessiert, der viel weiter reicht.«

Auf diese Komplementarität, von der Beuys hier spricht, wollen wir jetzt eingehen. Er spricht von ihr wiederum nicht als von einem Vorhandenen, als einem einfach nur so Anschaubaren, sondern er spricht von einem »Gegenbildprozeß«. Wieder müssen wir uns also – wie bei allem, was wir bisher schon anschauten – auf einen Weg machen, auf den Weg machen, den Beuys schon vorausging. Es gehört ja zum Grunderlebnis des Menschen der Gegenwart, daß er in einem erschreckenden Maß zusehen muß, wie die Welt zerstört wird. Nie konnte, nie mußte die Menschheit das in so weitgehendem Maß erleben. Nie hat, so müßte man sagen, die Menschheit das in so furchtbarem Ausmaß getan. Diesem, die äußeren Lebensgrundlagen zerstörenden Prozeß ging jener andere voraus, auf den Beuys in vielen seiner Vorträge immer wieder hinweist: Die Entwicklung der Naturwissenschaft im 19. Jahrhundert, die nicht nur einzelne Zusammenhänge der Natur und des Menschen physikalistisch oder biologistisch erklärte, sondern die schließlich eine materialistische Weltanschauung entwickelte, die alle Bereiche unseres Daseins umfaßt. Ob Beuys über Religiöses befragt wird, wie bei Mennekes und Schwebel, oder ob er über die Geschichte des Menschen spricht, immer weist er darauf hin, daß die Menschheit dieses materialistische Denken als Erziehungsprozeß brauchte, um sich vollständig abzunabeln von den Weltanschauungen, die ihn zwar einerseits mit der Gotteswelt in Verbindung hielten, deren Einrichtungen ihn aber andererseits bevormundeten, sei es im Politischen durch den König von Gottes Gnaden, sei es im Religiösen durch ein kirchliches Lehramt oder durch alttestamentliche Sittenstrenge, sei es heute durch die die Lehrfreiheit verneinenden Kultusministerien und ihre Curricula und Examina.

Indem der Mensch sich von diesen Systemen befreit, begegnet er sich selbst, wenn auch oft in der Hilflosigkeit seiner Probleme und Schwächen. Aber der Aufruf, den Beuys gemäß Rudolf Steiners Aufsätzen immer wiederholt, daß als erstes notwendig Grundlegendes für die Neugestaltung eines sozialen Organismus das Geistesleben vollständig aus der Hand des Staates in die Hand des einzelnen mündigen Bürgers übergeben werden muß, findet mehr und mehr Ohren. Nur unter dieser Voraussetzung, daß sich der einzelne zu seiner Freiheit bekennt und dadurch, wenn auch auf den Grundlagen vorangegangener Kulturen, ein eigenes Verhältnis zur Kultur, d.h. zur menschlichen Schöpfung, zur Sittlichkeit, zur geistigen Welt, bekommt, wird die Frage nach dem Wesen des nicht mehr Sinnlichen, des Übersinnlichen, klarer gefaßt werden können. Die Neigung, dem, was Institutionen oder ältere Lehrer sagen, nicht mehr zu glauben, führt dann nicht nur zur Verarmung des Gemüts, sondern zur Erkraftung der Anstrengungen, die dem Menschen möglich sind, die Grenzen des Erkennens immer weiter und weiter auszudehnen. Denn es ist ja berechtigt, auch in diesem Gebiet aus Erfahrungen sprechen zu wollen und nicht nur Mitgeteiltes zu lernen. So wird also die immer grauer werdende Welt und Wissenschaft und Politik mit all ihrem »Filz« selbst zu einer Art Aufruf, die Gegenwelt zu suchen und aufzufinden. Im Wahrnehmen der Vorgänge, die im Lauf des Sommers und Herbstes zum Welken und Absterben führen, können im Menschen bedrückende, traurig stimmende, ja depressive Empfindungen ausgelöst werden. Und besonders im November ist das ja immer der Fall. Nicht umsonst liegen auch die Feiertage, an denen man aller verstorbenen Seelen, der Toten und der Gefallenen gedenkt, im November. Schaut man sich aber diese Absterbevorgänge in der Weise an, wie wir es in der Pflanzenbetrachtung durchgeführt haben, so entsteht angesichts der real sterbenden Welt doch ein Wissen, eine Empfindung vom künftig möglichen Leben, das, noch rein willenhafter Natur, noch nicht als Form entfaltet, sich in diesem Absterben vorbereitet.

Im Erleben der Todesprozesse, in das uns der Materialismus und seine Technologie hineinführt, im Erleben all dessen, was ununterbrochen um uns und in uns abstirbt, kann – zunächst als eine rein innere Welt – ein zukünftig neues Keimen, ein künftiges sittliches Werden vor dem Seelenauge erstehen. In der Sinneswelt kann real nachgewiesen werden, wie in der sterbenden Pflanze der Same, der künftige Keim schon steckt. Jene Welt, die uns angesichts der niedergehenden Kultur als Entwurf, als Plan, als Hoffnung in der Seele entsteht, wird nur wirklich werden, wenn wir sie mit unserem eigenen Wollen und Arbeiten verbinden können. Dann aber zeigt sich die Wirklichkeit des Geistes, aus der heraus allein die neue Welt werden kann.

Immer wieder weist Beuys darauf hin, wie der durch den Materialismus zu sich selbst geführte einzelne Mensch aus dem Todesprozeß, in den er geraten ist, sich selber befreien muß und kann. Er kann es durch die »Christuskraft«, die das »Evolutionsprinzip« darstellt, indem diese Kraft in jedem einzelnen Menschen wirksam wird, wenn er sie nur ergreifen will. So wäre also der Blick auf eine schöne, blühende, erfreuende Welt, wie sie jeder Urlauber sucht, gerade nicht die Voraussetzung für jene Erkraftung, die der Mensch braucht, um jenen Krankheits-, jenen Todesprozeß zu überwinden, in den ihn die Geschichte hineingetragen hat. Der genaue Blick auf die Wirklichkeit der Sterbevorgänge in der Kulturwelt und Übungen an den Sterbevorgängen der Naturwelt , wie sie Rudolf Steiner in seinem Buch »Wie erlangt man Erkenntnisse der höheren Welten?« beschreibt, sind die Voraussetzungen für das geistige Erwachen des Menschen.

Es geht nicht darum, die alte Schöpfung fortzusetzen, sondern darum, eine neue Welt aufzubauen. Diese neue Welt ist die »Wärmeplastik«, die »Soziale Skulptur«, die »Soziale Plastik«. Sie bildet sich nicht von selbst einfach dadurch, daß mehrere Menschen beisammen sind. Sie bildet sich nur, indem einzelne Menschen bewußt ihren wahrnehmenden Willen darauf lenken, zu erfahren, worin die wesensgemäße Zukunft des jeweils anderen Menschen bestehen könnte. Nicht aus seiner Vergangenheit allein, deren Beobachtung und Wahrnehmung sicher wichtig ist, sondern aus der Erkenntnis dessen, was – dem anderen selbst vielleicht noch unbewußt – aus ihm werden will, ist es möglich, sach- bzw. menschengerecht zu handeln. Dieses sittliche Handeln, das sich dadurch ergibt, daß sich der einzelne Mensch liebevoll, mit erwärmtem Herzen dem anderen zuwendet, ist die Voraussetzung dafür, daß die den einzelnen übergreifende Gemeinsamkeit unter Menschen entsteht.

Fassen Menschen gemeinsam, angesichts einer realen Notlage, die sie oder andere betrifft, den Impuls, etwas diese Not Wendendes durchzuführen, so wird – angesichts des kranken Zustands des sozialen Organismus, den sie vor sich haben – die Intuition eines gesunden Bildes von diesem sozialen Organismus möglich, und indem sich die Herzen für diese zu erschaffende soziale Gestaltung erwärmen, verschmilzt der Wille der einzelnen zu einem gemeinsamen größeren Willen, der dann die Stärke besitzen mag, einerseits wirklich etwas Neues zu bewirken, andererseits auch zu immer neuen Einfällen zu kommen, wie der Weg in diese neue Wirklichkeit zu beschreiten sei.

All das, was im Bewußtsein der einzelnen Men-

47 Schema zur Plastischen Theorie von Joseph Beuys, nach dem Katalog des Kunstmuseums Basel 1969/70

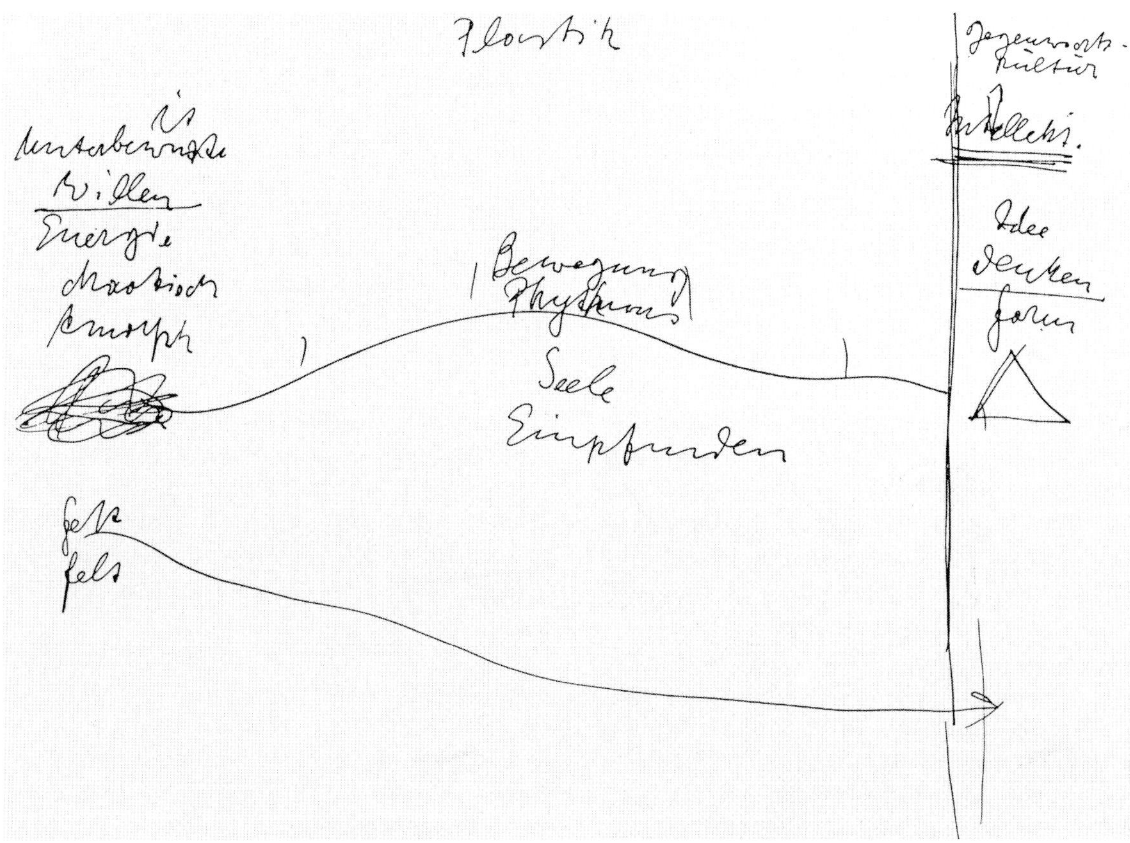

schen als »moralische Intuition« (Rudolf Steiner) erscheint, ist nicht irgendetwas, was der Welt schon angehörte, sondern etwas, was als rein Geistiges, aber Wirksames, in die Tatsachen dieser Erdenwelt hereinlebt. Der Blick auf das Erkrankende, Sterbende, das sich zeichenhaft darstellt in allem, was aus dem lebendig-plastischen Zusammenhang der Welt herausgefallen ist, wird im Werk von Joseph Beuys zur Provokation, zum Provokator, zu dem, was in unseren Seelen hervorruft, erweckt die Sehnsucht nach dem Wirken und Gestalten aus einer »hellen, klaren, lichten, geistigen Welt«. »Es ist also das Auferstehungsprinzip: Die alte Gestalt, die stirbt oder erstarrt ist, in eine lebendige, durchpulste, lebensfördernde, seelenfordernde, geistfördernde Gestalt umzugestalten. Das ist der erweiterte Kunstbegriff.«[26]

Im Diagramm zur plastischen Theorie von Beuys stehen der chaotische Wärmepol und der kristalline Kältepol einander gegenüber, vermittelt durch das Bewegungselement, den Merkurius – im Diagramm gewöhnlich die Schleife der Verbindungslinie zwischen den beiden Polen, in deren Mitte ein Herz gezeichnet ist. Während Beuys den Erstarrungspol an der rechten Seite mit drei senkrecht aufeinander stehenden Linien, der Raumecke, kennzeichnet, ergänzt er ihn in den Zeichnungen gewöhnlich mit einem Dreieck, das die drei Raumwinkelkanten miteinander verbindet und das immer dann entsteht, wenn an der Plastik eine Fettecke entstehen soll. Die Fettecke ist selbst etwas, was den absterbenden Pol – wie an der Samenbildung dargestellt – mit Fett durchdringt und einer neuen, plastisch wirkenden Lebendigkeit zuführt. Es könnten also im plastischen Diagramm selbst die beiden Pole in der Fettecke vermittelt sein.

Manche Zeichnung, z. B. diejenige, die er mir einmal machte und die gewöhnlich unter dem Titel »Evolution« abgebildet wird, trägt an der Stelle, wo die aus der Vergangenheit kommenden Kräfte im heutigen Gegenwartspunkt zusammenlaufen, ein Kreuz, das zwei kleine Flügel hat und zudem von fünf Andeutungen für Rosen umgeben ist. »Es könnten auch sieben sein«, sagte er im Gespräch. Den meditativen Umgang mit diesem Bild schildert Rudolf Steiner in dem Buch »Die Geheimwissenschaft im

Umriß«.[27] Es ist eine Art Grundmeditation, die zunächst den Blick des Menschen auf all das lenkt, was in ihm selbst die Ursache für sein Sterben, für seinen Tod ist, und dann all jene Kräfte hereinruft, die es dem Menschen ermöglichen können, wie der auferstehende Christus den Tod zu überwinden.

Erscheint dieser Meditationsinhalt zunächst mehr bildlich, so ist Beuys' Zeichen der Fettecke, insbesondere im Zusammenhang des Diagramms, von vornherein mehr auf das Prozessuelle gerichtet. Sie besagen, denke ich, letzten Endes dasselbe.

»Eigentlich ist das Zeichen für Christus nicht das Kreuz, sondern das Pentagramm. Denn das Pentagramm ist ja im Raum der geometrischen Figuren die einzige Figur, die dynamisch ist, die sich aus einer Linie ziehen läßt. Alle anderen sind abstrakter – zum Beispiel das jüdische Zeichen, ineinandergesteckte gleichseitige Dreiecke, ist statischer, es ist das Zeichen für Dialektik, also was oben ist, ist auch unten, oder das Zeichen für Mikrokosmos und Makrokosmos –, alle haben dualistische Prinzipien, und das wird überwunden durch das Pentagramm. So gesehen ist es ein Zeichen für Bewegungsdynamik, und damit ist das Zeichen für Christus das Pentagramm, und deshalb haben die Rosenkreuzer das Pentagramm in Form von fünf Rosen um das schwarze Kreuz als Zeichen für die Ecken des Pentagramms.«[28]

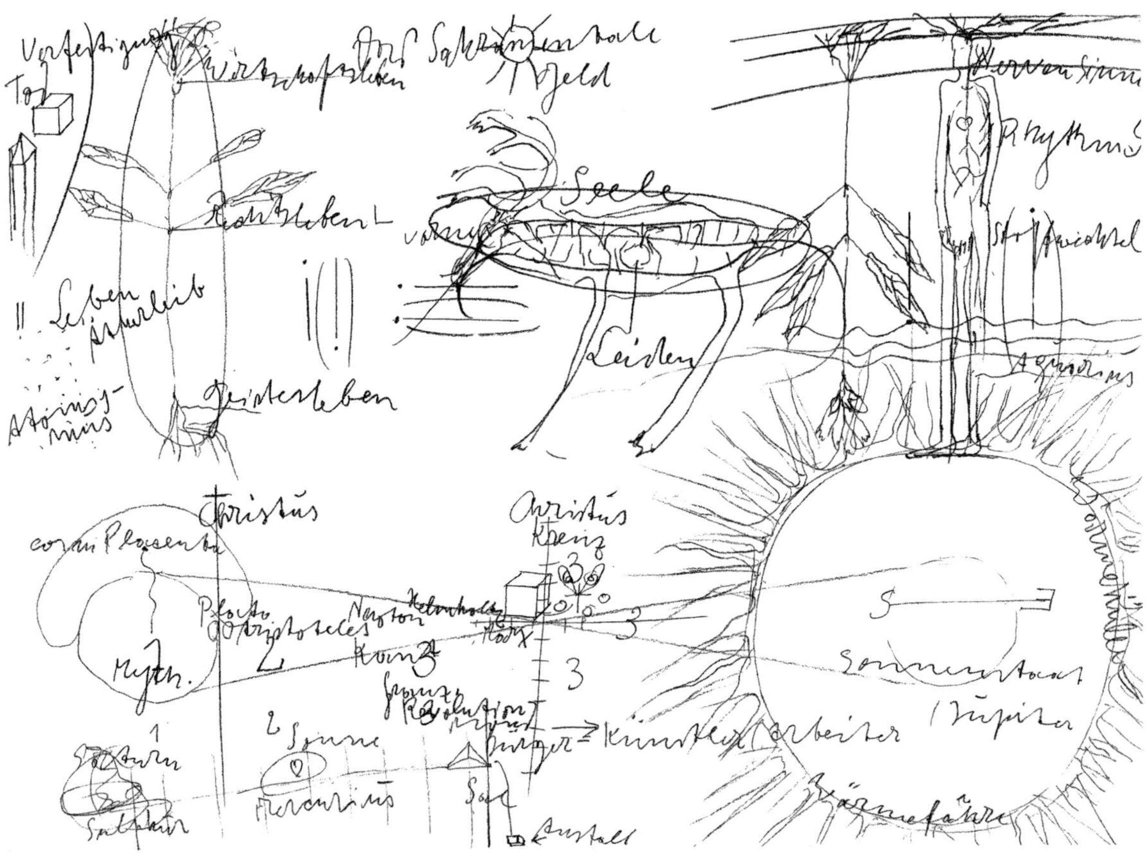

49 Joseph Beuys, »Evolution« genannte Zeichnung, die nach einem Vortrag in der Hibernia-Schule Wanne-Eickel entstand (1.7.1974). Sie entspricht der Wandtafelzeichnung während des Vortrags und faßt Beuys' Anschauungen von Mensch- und Weltentwicklung zusammen, die er entsprechend Rudolf Steiners Darstellungen in den Büchern »Die Geheimwissenschaft im Umriß« und »Theosophie« entwickelte.

◀ **48 Joseph Beuys, Ausschnitt aus der Zeichnung »Evolution« (49)**

Anmerkungen

1 Katalog der Beuys-Ausstellung im Salomon R. Guggenheim-Museum New York 1979, S. 7: »Introduction« von Joseph Beuys (Übers. v. Verf.)
2 Rudolf Steiner: Die Philosophie der Freiheit, GA 4, Erstausgabe Berlin 1894
3 Text der Aktion von Beuys »... und in uns ... unter uns ... landunter« innerhalb des Gemeinschafts-Happenings »24 Stunden« in der Galerie Parnaß Wuppertal am 5. Juni 1965, publiziert in Itzehoe-Vosskate 1965
4 Katalog der Beuys-Ausstellung im Moderna-Museet Stockholm 1971
5 Helmut Rywelski: Joseph Beuys, Einzelheiten, Köln 1970 (Art Intermedia-Buch 3)
6 Aus: Krawall in Aachen, Interview mit Joseph Beuys, in: Katalog der Beuys-Ausstellung im Kunstmuseum Basel 1969/70, S. 10ff.
7 Dieses Kapitel ist der Wiederabdruck eines Aufsatzes des Verfassers in der Festschrift zum 60. Geburtstag von Joseph Beuys, Köln 1981
8 Werner Heisenberg: Physik und Philosophie, Frankfurt/M. 1951, S. 82
9 Werner Heitler: Der Mensch und die naturwissenschaftliche Erkenntnis, Göttingen ^{3}1964, S. 43
10 Goethes Sämtliche Werke, Bd. 16, Leipzig o. J., S. 637
11 Joseph Beuys in: Harlan/Rappmann/Schata: Soziale Plastik, Achberg ^{3}1986, S. 20
12 Jörg Schellmann/Bernd Klüser: Joseph Beuys – Multiples, Fragen an Joseph Beuys, Teil 1, o. O. 1970, unpaginiert
13 Theodor Schwenk: Bewegungsformen des Wassers, Stuttgart 1967
14 Maria Thun/Hans Heinze: Anbauversuche über Zusammenhänge zwischen Mondstellungen im Tierkreis und Kulturpflanzen, 2 Bde., Darmstadt ^{2}1973
15 Franz Joseph van der Grinten/Friedhelm Mennekes: Menschenbild – Christusbild, Auseinandersetzung mit einem Thema der Gegenwartskunst, Stuttgart 1984, S. 115ff.
16 Horst Schwebel: Glaubwürdig, o. O. 1979, S. 32
17 ebd. S. 40
18 ebd. S. 27
19 Beuys in einem Telefongespräch mit Caroline Tisdall, in: Katalog der Beuys-Ausstellung in Oxford 1974, zur Zeichnung »Wasserzange« (Übers. v. Verf.)
20 vgl. Anm. 12
21 Johann Wolfgang von Goethe: Versuch einer Farbenlehre, 6. Abteilung, 1810
22 Wassily Kandinsky: Über das Geistige in der Kunst, München 1912
23 Rudolf Steiner: Anthroposophie. Ein Fragment aus dem Jahre 1910, GA 45; W. Trendelenburg/E. Schütz (Hrsgg.): H. Hensel, Allgemeine Sinnesphysiologie, Berlin – Heidelberg – New York 1966, S. 40
24 Das Goetheanum als Gesamtkunstwerk, Dornach 1986
25 Jürg Spiller (Hrsg.): Paul Klee – Das bildnerische Denken, Form- und Gestaltungslehre, Bd. 1, Basel – Stuttgart ^{3}1971
26 vgl. Anm. 11
27 in dem Kapitel: Die Erkenntnis der höheren Welten, GA 13
28 Adriani/Konnertz/Thomas: Joseph Beuys, Leben und Werk, Köln 1984, S. 57ff.

Sachwortregister